HEROÍNAS DE LA BIBLIA

Débora

Rut

Ester

María

CASA
CREACIÓN

Heroínas de la Biblia
Débora por Carol Fitzpatrick
Rut por Kjersti Hoff Baez
Ester por Sue Martins Miller
María por Ellyn Sanna
Publicado por Casa Creación
Una división de Strang Communications Company
600 Rinehart Road
Lake Mary, Florida 32746
www.casacreacion.com

ISBN: 0-88419-904-5
Traducido por PICA y 6 PUNTOS con la colaboración especial de Ana Figueroa y Salvador Eguiarte D.G.
Impreso en los Estados Unidos de América

02 03 04 05 06 — 8 7 6 5 4 3 2 1

Índice

Débora. 5

Rut 53

Ester 107

María. 149

Débora

Jueza de Israel

POR
CAROL FITZPATRICK

Capítulo 1

Bajo la sombra de una palmera, Débora añoraba la brisa de una tarde fresca. Dios la escogió como el líder político y espiritual de su pueblo, los israelitas. Día tras día, solucionaba los asuntos del pueblo en este sofocante ambiente del desierto.

En ocasiones, cuando no estaba contestando preguntas, se ponía a pensar en las injusticias padecidas por su pueblo, por no haber aprendido a obedecer los mandamientos de Dios. En realidad, su relación con Dios era más bien como una carreta desenfrenada bajando por una colina empinada sin curso hacia un gran valle.

Debido a que Débora contaba con la ayuda de Dios cuando tomaba una decisión, le dio a su pueblo soluciones sabias a sus problemas. Ella sabía que mientras confiara en Dios, los israelitas tendrían fortaleza frente a sus enemigos y podrían derrotarlos fácilmente.

Cuando Débora terminaba su larga jornada resolviendo problemas, dejaba su lugar bajo la palmera y caminaba a su hogar en la aldea de Efraín. Todas las tierras alrededor pertenecían a las doce tribus de Jacob, a quién Dios nombró como Israel. A cada uno de los doce hijos de Israel se les dio una parte de estas tierras. Mientras Débora caminaba por el camino, tomó un puño de tierra, regresándolo suavemente al suelo.

Señor, oró en silencio, *devuélvele a nuestras tierras su libertad.*

Consciente de que sólo Dios puede cambiar los corazones hacia Él. Una vez en casa, Débora comenzó a planear la cena que le prepararía a su esposo, Lapidot. Él era un hombre callado quién la apoyaba en el trabajo que Dios le pidió hacer. Esta noche prepararía un cordero asado y lo serviría con unos sabrosos frijoles, lentejas y pan de cebada.

Como era costumbre, Lapidot saldría a la calle e invitaría a algunos vecinos varones a comer con él, pues ellos no tenían hijos, y en su cultura los hombres y las mujeres no comían juntos.

Mientras los hombres disfrutaban de su cena, siempre discutían los problemas políticos a los que se enfrentaban sus conciudadanos. Débora aprendió mucho sobre lo que ellos pensaban mientras escuchaba calladamente desde la cocina, mientras les llevaba más comida. Para ella, en ocasiones, era difícil separar sus ocupaciones como jueza y como esposa.

—Cuando Aod fue juez de nuestro pueblo, aceptaban los mandamientos de Dios, pero desde que Aod murió, los israelitas una vez más han vuelto a su ciclo destructivo de desobediencia, idolatría e inmoralidad. Estas acciones nos han hecho sus esclavos –exclamó uno de los hombres.

—El rey Jabín de Canaán, es quién ha oprimido a nuestro pueblo –contestó otro invitado de Lapidot, renuente a culpar al pueblo de Israel.

—Contra él es con quién debemos pelear –comentó un hombre regordete con una larga barba.

Débora sabía que el primer hombre que había hablado tenía razón. Desde la muerte de Aod, el juez anterior, la gente se pervirtió. Desobedecieron los mandamientos de Dios, rechazándolo como su verdadero Rey. Construyeron altares a falsos dioses, como Baal y Asera, de la misma manera como lo hicieron las otras naciones paganas a su alrededor. También escogieron pareja para casarse de entre el enemigo que los rodeaba.

Debido a que escogieron gente que no creía en el verdadero Dios, el Señor se enojó profundamente porque sabía que Su pueblo se alejaría de Él.

Finalmente, se alejaron de Dios, negándose a honrarlo y a escuchar Sus advertencias. Esta falta los alejó de la protección de Dios. Como resultado, durante veinte años los israelitas clamaron a su salvador.

Ahora, Débora había sido escogida para guiar a su pueblo. Las preocupaciones de su pueblo, también eran las de ella. Ella sabía que su pueblo pecaba. Y su corazón se rompió cuando se dio cuenta de sus pecados.

Al amanecer, cuando llegó a la palmera, Débora se arrodilló y empezó a orar incansablemente por su pueblo:

—Señor, tú sabes que la gente le teme al enemigo a nuestro alrededor. Ya no tenemos tranquilidad en nuestras vidas y en nuestras aldeas. No podemos transitar libremente porque los caminos no son seguros para viajar. Te pido que ilumines un camino que pueda seguir. Usa Tu mano fuerte y poderosa contra aquellos que nos quieren lastimar y esclavizar. Por favor escucha el clamor de Tu pueblo, los hijos de Israel, y sé nuestro salvador.

Mientras el sol brillante comenzó a asomarse sobre la colina, algunas personas empezaron a subir hacia donde estaba Débora, llevando ramas frescas y verdes de palma. Venían de las ciudades cercanas Ramá y Bet-el.

Débora se levantó y se sacudió la tierra que estaba sobre su larga túnica blanca y su manto, y revisó que su velo le tapara su obscura cabellera ondulada. Durante todo el día, Débora escuchó las tribulaciones de todos aquellos que vivían en el área, porque mientras los hombres se alejaban de Dios, también se enemistaban con su prójimo.

A pesar de que Débora no tenía hijos propios, se le consideraba como *la madre de Israel*, cuidando cariñosamente su rebaño de gente. Como una madre lo hace, ella trabajaba sin descansar, orando para que Dios secara pronto las lágrimas y la tristeza de su pueblo. Débora sabía que la guerra con sus enemigos era inevitable.

¿Cómo se defenderá mi pueblo?, se preguntaba.

Entre los cuarenta mil hombres en Israel, ninguno tenía armas. Sin embargo, los cananeos que los rodeaban y oprimían, tenían muchos hombres y numerosas armas. Entonces Débora empezó a orar para que el Señor les enviara no sólo hombres valientes, sino también las provisiones que los israelitas necesitarían en esta guerra y para que su pueblo saliera victorioso. También oró por los comandantes a quién Dios escogería para dirigir esta batalla.

A través de todas las oraciones que Débora hizo, Dios llenó su espíritu de esperanza.

A pesar de no saber cual era el plan de Dios para Israel, empezó a tener la seguridad de que Dios había escuchado los lamentos de Su pueblo. Una canción empezó a crecer dentro de ella. Siempre cantaba cuando oraba, igual como lo hizo el rey David, mucho después en la historia de Israel. Mientras más pensaba en lo que el Señor había hecho en el pasado, Débora confiaba cada vez más en que Dios intervendría milagrosamente.

Por la noche, mientras caminaba hacia su casa, sus cánticos se escuchaban. Otras personas de su aldea empezaron a caminar y a cantar con Débora. La salvación se sentía en el aire, y la gente respiraba la frescura de la libertad mientras caminaban por el pasto alto sobre la colina. Mientras caminaban por un camino maltrecho, sus sandalias parecían tener resortes.

Por supuesto, también estaban los burlones, los que se mofaban diciendo:

—Los cananeos son muy fuertes. Nunca podremos vencerlos.

Los que se sentaban con Débora debajo de la palmera, empezaron a sentir un nuevo propósito. El número de gente creció cada día, hasta que la colina se cubrió con aquellos que estaban dedicados a Dios y que oraban por Israel.

Débora les recordaba que el poder de Dios había liberado a los hijos de Israel de la mano de los egipcios después de cuatrocientos años. En el pasado de Israel, Dios ya les había comprobado que Su poder era más fuerte que todos los falsos dioses a los que la gente había orado. Ahora se preguntaban cómo habían sido tan tontos al haber escuchado a los cananeos, y no a su poderoso Dios.

La repetición de estos pecados de los israelitas mantuvo un ciclo interminable de dolor durante muchos años. A pesar de las muchas ocasiones que regresaron a Dios, no les servía de mucho ya que siempre volvían a los dioses falsos.

—¿Cuánto tiempo continuarán con esta obstinación y terquedad? –se preguntaba Débora, viendo hacia el cielo, como si estuviera preguntándole a Dios directamente.

En Israel, todos los nombres tienen un significado. A las pequeñas niñas judías les ponían nombres de objetos hermosos de la naturaleza o de personajes simpáticos. Débora significa *abeja*, y Dios estaba a punto de usar esta fuerte característica en ella para enviar un aguijón a las fuerzas del mal que los rodeaban.

Capítulo 2

A pesar de que la vida de los israelitas era extremadamente difícil, Débora se dio cuenta que Dios los estaba probando. Ésta era la razón por la cual Él no había quitado a las naciones que los perseguían. ¿Llegaría el día en que los israelitas se alejaran de la idolatría y aceptaran a Dios como su único Rey? ¿Estaban dispuestos a obedecer para que Dios los salvara?

Una mañana, mientras Débora oraba debajo de su palmera, empezó a escuchar claramente los mandamientos que Dios tenía para Israel. Éste era el mensaje y el plan que ella había estado esperando, pues su llamado, como jueza de Israel, era guiar a su pueblo en batalla contra los que querían destruirlos. Nunca tomaba ninguna decisión, hasta estar segura que era la voluntad de Dios.

La salvación que Dios tenía para Israel incluía a un hombre llamado Barac, su nombre significa *relámpago*. Él era un comandante militar en Israel, un general. Hijo de Abinoam, Barac era de Cedes de Neftalí, una ciudad al norte de Efraín. Débora lo mandó llamar para decirle que tenía un mensaje especial de Dios. Débora oró mucho por las palabras que debía decirle al final de la reunión, pues necesitaba que Dios le diera valor a Barac.

A pesar de que en el pasado, Israel tuvo un poderoso ejército, había pasado mucho tiempo sin que pelearan en una batalla grande. Ahora los hombres no contaban con armas.

¿Cómo podremos vencer las tropas del Rey Jabín?, le preguntaba Débora a Dios en su corazón.

El Señor le recordó como usó al ejército egipcio del Faraón ahogándolos en el Mar Rojo, para que Moisés y los hijos de Israel pudieran salvarse. A pesar de que Débora aún no entendía bien todo el plan, estaba segura de dos cosas: primero, el poder de Dios no tiene límites, y segundo, que Él es siempre fiel.

La tarea de Débora era confiar, y la tarea de Dios era lograr que la victoria sobre el enemigo se hiciera realidad, a pesar de todos los obstáculos. Débora sabía que si se pasaba todo el tiempo analizando los hechos, ella también estaría temerosa, porque la fuerza militar de Israel era de tan sólo dos grupos de soldados formados por dos tribus en las colinas.

Su fuerza espiritual y la cualidad de su carácter, eran la base de su éxito como líder militar, esposa, jueza y profetisa. Uno de sus mayores atributos, era su obediencia a Dios, lo cual le abriría las puertas a Israel para su salvación.

Débora no reveló todos los planes de Dios a la gente, pues hubieran tratado de hacer las cosas antes de que Dios pudiera preparar a Barac. En lugar de esto, Débora dirigió a los israelitas para que empezaran a orar por aquellos que los guiarían en la batalla que se aproximaba. Sabía que muchos hombres perderían sus vidas cuando empezara la guerra, por lo que los alentó para que le pidieran a Dios su misericordia.

Día tras día, la gente se reunía con Débora bajo su palmera, casi todos estaban tan ocupados orando, que ya no tenían tiempo para pelearse. Dios estaba verdaderamente preparando a Su pueblo. Las oraciones habían cambiado sus actitudes, y la gente empezó a pedirle perdón a Dios por sus pecados. Cuando llegaban a sus hogares por la noche, eran más afectuosos con sus familias.

La gente de las aldeas cercanas, incluyendo a algunos de sus enemigos, empezó a notar el cambio en los israelitas. Unos meses atrás, actuaban como verdaderos esclavos, huyendo de quienes los oprimían.

Ahora, la confianza y la expectación flotaban en el aire que respiraban. Caminaban con orgullo y con un propósito, con sus cabezas en alto, mientras se dirigían cada día hacia Débora. Juntos oraban debajo de la palmera.

Los que llegaban a la casa de Débora para compartir los alimentos con Lapidot, ahora hablaban de las posibilidades.

—Ahora la gente se ve fuerte –comentó el hombre regordete de la larga barba blanca.

—Sí –dijo un hombre delgado con su túnica color café y una mirada brillante–. Pero, nos preguntamos, ¿quién nos guiará en la batalla?

—¿Quién se atreverá a pelear contra Sísara, el comandante del ejército del Rey Jabín? –preguntó un tercer hombre sentado junto a Lapidot.

Parecía que temblaba cuando terminó la pregunta.

Débora escuchaba a los hombres desde la puerta de la cocina, y quería gritar el nombre de Barac. Pero guardó silencio, esperando que Dios terminara con el plan.

—Dios se encargará de todo –respondió Lapidot, a pesar de que no sabía el nombre.

Mientras Débora pensaba en Sísara, sintió un escalofrío. Él era el comandante del ejército de Jabín, el rey de los cananeos, quién reinaba en un lugar llamado Hazor.

Sísara tenía más de novecientos carros. ¿Cómo podrían los israelitas pelear contra tal poder? Además, el rey Jabín, tenía miles de soldados.

Sólo de pensar que los israelitas eran menos, Débora se asustaba. Pero, le entregó sus temores a Dios, segura que Él no la llevaría a esa batalla para perderla. Su victoria estaba segura.

—Señor, ayúdame, aún cuando me sea difícil confiar –oró Débora.

A veces, su Dios secreto la hacía sentirse muy sola y alejada, pues no podía compartir con nadie las cosas que guardaba en su corazón hasta que llegara el momento oportuno. Día tras día, esperaba en Dios.

Ella sabía que Dios seguía amando a los israelitas a pesar de que se alejaron de Él. Dios los había bendecido con hijos aún cuando siguieron las costumbres de las otras naciones y les enseñaron a sus hijos a adorar a sus ídolos. Las lágrimas rodaban por las mejillas de Débora mientras se imaginaba a todos esos niños hermosos que los habían dedicado a la estatua de Astarot y habían tenido que servir a todos estos dioses falsos.

¿Cómo podía seguir Dios amando a los israelitas? Especialmente después de que le habían quitado Su mayor regalo –sus hijos– y les habían enseñado a adorar ídolos. ¡Qué terrible pecado! Cada persona en Israel era culpable de algún pecado, y todos necesitaban la salvación de Dios. Ahora Débora empezó a orar para que Dios cambiara los corazones de su pueblo hacia el Señor. Siempre le pedían Su ayuda cuando la necesitaban. Ahora se preguntaba si realmente estaban dispuestos a abandonar sus maldades y seguirlo con obediencia.

—Perdónanos y permítenos a seguir Tú camino, Señor –oraba Débora.

En ocasiones le era difícil a Débora entender por qué Dios la había escogido a ella, sobre todo cuando se sentía frágil y asustada. Entonces recordaba que el éxito de la guerra no dependía de ella. Ella sólo tenía que estar dispuesta a correr el riesgo. Con el poder de Dios obtendrían los resultados deseados, tal y como Él lo dijo.

—¿Qué te ha dicho Dios sobre su plan? –le preguntaba la gente que la rodeaba bajo la palmera.

—Muy pronto lo sabrán –les contestó, y después les recordó como Dios había salvado a su pueblo en el pasado–. ¿Recuerdan cuando Otoniel, otro juez de Israel, fue a la guerra? –preguntó y después agregó–, el Señor los vendió en manos del rey de Mesopotamia –golpeando sus manos con su puño como demostrándoles la furia de Dios hacia los enemigos de Israel–. Después hubo paz en Israel durante cuarenta años. Dios nos regresará nuestra paz. Está esperando que Su pueblo regrese a Él con un corazón fiel.

Débora tenía ante ella un gran número de israelitas. Ahora cubrían la cima de la colina. Recordó como al principio sólo un pequeño grupo oró por Israel. ¡Cómo había crecido el número de personas! Sin embargo, aún faltaba que muchos en Israel estuvieran dispuestos a permitirle a Dios que suavizara sus corazones de piedra. Mientras el sol se perdía en el horizonte, una brisa fresca sopló entre ellos, como recordándole a Débora que Dios los estaba protegiendo. Levantó sus ojos hacia el cielo y dijo una oración de agradecimiento con su pueblo.

Capítulo 3

Débora no podía dormir esa noche, pues sintió que Dios estaba a punto de poner Su plan en acción. Después de estar inquieta toda la noche, se levantó temprano y subió a la colina a orar debajo de su amada palmera. Mientras el calor del sol la abrigaba, finalmente Dios le dijo que ya era hora de conseguir la ayuda de Barac. A pesar de que Débora no había perdido el tiempo mientras esperaba que el Señor empezara Su plan, se sintió aliviada y al mismo tiempo aterrorizada cuando escuchó Su palabra. Por fin, había recibido permiso para ir hacia delante, ¡pero este plan involucraría las vidas de todos en su país!

Escribió una nota y la selló con cera caliente. Débora envió el mensaje a Barac. Mientras esperaba que se lo entregaran, oró. Primero oró para que el corazón de Barac estuviera dispuesto, y segundo, le pidió a Dios que le diera a Barac mucho valor, pues lo iba a necesitar.

A Barac, hijo de Abinoam, le tomó tiempo llegar al lugar en donde Débora lo esperaba, porque él vivía en Cedes de Neftalí, que se localiza al norte del Mar de Galilea.

La gente que rodeaba a Débora debajo de la palmera, empezó a darse cuenta que su actitud era diferente. Tal vez tenía noticias que darles. Pacientemente esperaron y oraron con ella. Finalmente, al atardecer, todos cantaron un nuevo cántico con Débora. Esto los animaba y calmaba sus mentes y corazones.

Al día siguiente, Débora se despertó temprano, y preparó una canasta con fruta y pan. Parecía como si sus sandalias flotaban sobre la tierra de camino hacia la colina. Cuando llegó a la cumbre, Barac y algunos de sus soldados la esperaban. La saludaron cortésmente y la dejaron hablar primero.

Débora suspiró y tomó una bocanada de aire. Esperaba poder recordar cada palabra que Dios le había dicho para dar el mensaje correctamente.

—Ve, junta a tu gente en el monte Tabor, y toma contigo diez mil hombres de la tribu de Neftalí y de la tribu de Zabulón; y yo atraeré hacia ti al arroyo de Cisón a Sísara, jefe del ejército de Jabín, con sus carros y su ejército, y lo entregaré en tus manos.

Débora suspiró con alivio. Finalmente había entregado el mensaje de Dios a Barac. ¿Cómo reaccionaría?

Barac se veía pálido y enfermo, como si un gigante le hubiera dado un golpe en el estómago. ¿Por qué sentía tanta aprehensión? Después de todo, su trabajo era ser un líder militar. Tal vez se debía a las probabilidades tan altas de peligro en juego. Posiblemente, también se debía al hecho de que el rey Jabín contaba con los mejores carros y equipo, y que sus soldados estaban bien entrenados.

Barac tragó saliva antes de hablar, deseando no parecer un cobarde mientras su voz se quebraba.

—Si tú vienes conmigo, yo iré; pero si no vienes conmigo, no iré.

Tal vez no entiende que la victoria es segura, pensó Débora. En ese momento se dio cuenta que su fe en la habilidad de Dios era más profunda que la de Barac.

Cuidadosamente meditó su respuesta mientras ponía su vida y bienestar en las manos de Dios.

—Iré contigo; mas no será tuya la gloria de la jornada que emprendes, porque en mano de mujer entregará Jehová a Sísara.

Barac se volteó hacía sus hombres para ver su reacción. Sin embargo, ellos gritaron en señal de aprobación. Finalmente, vencerían a los cananeos quienes los habían oprimido durante tanto tiempo. Si Dios había escogido a una mujer para guiarlos, quiénes eran ellos para dudarlo.

Los de los pueblos vecinos, que se alineaban sobre la colina, escucharon la conversación y también empezaron a gritar de júbilo. La tierra debajo de ellos parecía que se movía pues la gente empezó a brincar y a bailar, sin poder contener su emoción. Todos empezaron a bajar la colina para dar la noticia a los otros. Gritaban:

—¡La victoria es segura; Débora nos guiará!

El corazón de Lapidot se encogió. ¿Qué tal si todo Israel tenía éxito, pero en el proceso perdía a Débora? Siendo un hombre de pocas palabras, nunca le había dicho a su esposa lo que ella significaba para él y lo orgulloso que se sentía de ella. ¿Tendría la oportunidad de decírselo?

Débora se levantó y se fue con Barac a Cedes y esperaron para que las tropas se reunieran para irse a la batalla. Mientras, Barac envió un mensaje a los hombres en Zabulón y Neftalí para que se reunieran con él en Cedes. Más de diez mil hombres de estas dos regiones de los hijos de Israel se le unieron para la batalla.

Débora oró con ellos, pero antes les explicó todo lo que Dios había hecho y haría por Israel, su pueblo que amaba.

Barac se apoyó en un árbol y tocó su barba. En su corazón sabía que Débora estaba muy cerca de Dios. Por este motivo, egoístamente, quiso que ella lo acompañara a Cedes, no sólo para garantizar que la presencia de Dios estuviera con él en la batalla, sino también porque era muy carismática con la gente. ¡Qué lección tan grande estaba a punto de aprender sobre la humildad!

Dios ya había empezado a preparar los eventos que llevarían a la caída de Sísara. Un hombre llamado Héber, ceneo, se había apartado de su pueblo. Puso su tienda cerca de un roble en el Valle de Zaanaim, cerca de Cedes. En su línea familiar aparece Hobab, suegro de Moisés. La Biblia no revela el motivo por el cual Heber se alejó de su pueblo, pero, era amigo de Sísara.

Al ver todos los preparativos, decidió avisarle a Sísara sobre el ataque de los israelitas. Así que Héber fue a contarle a Sísara que Barac había subido al monte Tabor con un gran ejército.

Al escuchar las noticias, Sísara reunió todos sus carros. ¡Qué espectáculo! ¡Más de novecientos carros con todo el pueblo que con él estaba alineados sobre el río Cisón! ¿Quién se atrevería a pelear con él?

Esto es lo que pensaba Barac. Se quedó en el monte Tabor con sus diez mil hombres sin descender a enfrentarse a lo que le esperaba en el río Cisón.

Débora vio todo esto y se dio cuenta que las tropas no avanzaban.

Entonces Débora le dijo a Barac:

—¡Levántate! Éste es el día en que Jehová ha entregado a Sísara en tus manos. ¿No ha salido Jehová delante de ti?.

Barac estaba atrapado. Ya fuera que bajara a la batalla o no, perdería su reputación como líder militar. Temerosamente, Barac descendió del monte Tabor guiando a sus hombres hacia el río. ¿Por qué no confiaba en que Dios salvaría a los israelitas? Su batalla interior aumentaba con cada paso que daba mientras bajaba de la montaña.

Débora sonrió sutilmente dándose cuenta que todos esos días de oración la habían preparado para ver el milagro de Dios. Nunca supo exactamente como Él contestaría las oraciones de Israel, porque Dios no se lo había dicho, pero ella sabía que el resultado sería espectacular. Ella sabía que cuando Dios interviniera en la vida de Su pueblo, ella podría anticipar algo verdadero, único, increíble y poderoso.

Mientras las trompetas sonaban, indicando que Israel había ganado la batalla, Débora oró, —Señor, estos hombres servirán voluntariamente en Tú ejército. Ahora, haz lo que dijiste y dales esta victoria. No tienen armas. Sólo Tú eres su roca y su escudo. ¡Pelea por nosotros, oh gran Dios!

La montaña empezó a moverse y los hombres a temblar ante la presencia del Señor, quién vino a pelear la batalla de Israel en contra de sus enemigos. Se formaron nubes grises amenazadoras sobre el río mientras los cielos empezaron a derramar un diluvio de agua.

Después los ángeles del cielo empezaron a pelear la batalla, mientras una lluvia torrencial provocó que la tierra bajo los cascos de los caballos se rompiera en grandes pedazos.

Capítulo 4

A pesar de que Débora no bajó a las líneas de batalla, mantuvo unidas a las tímidas tribus hebreas por el poder de sus palabras y por su convicción en la habilidad de Dios. Desde su punto de ventaja, en el campamento que instalaron en la montaña, ella continuó orando por la seguridad de sus compatriotas. Una aflicción pesaba en su corazón, pues su confianza en las palabras del Señor habladas a través de ella unieron a las tribus de Israel en este lugar.

Débora saboreaba la cercanía y el poder de Dios. "El amor de Dios para Israel es interminable", pensaba ella. Después se envolvía con sus brazos, no sólo para protegerse del viento sino también porque sentía la cercanía de Dios y de repente sintió un hormigueo que bajaba por su espalda.

Una vez que empezó la batalla, cayó una tromba y granizó obscureciendo la escena del campo de batalla a Débora. Sólo podía imaginar qué era lo que estaba sucediendo por momentos. La montaña se estremeció con la presencia de Dios, pues Él envió ángeles para pelear por Israel. Esto hubiera asustado a Débora, de no ser por el hecho de que Dios le aseguró la victoria.

Mientras esperaba el resultado de la batalla, Débora pensaba en como Dios había escogido a Israel como Su pueblo especial y continuaba protegiéndolos, aún cuando no se lo merecían. Estas tierras por las que ahora Israel peleaba, Dios se las había dado hacía mucho tiempo, pues Dios se lo dijo a Abraham, diciendo: "Alza ahora tus ojos, y mira desde el lugar donde estás hacia el norte y el sur, y al oriente y al occidente; porque toda la tierra que ves, la daré a ti y a tu descendencia para siempre".

Sobre todo, Débora sabía que Dios es fiel a Sus pactos. Debido a que le prometió a su pueblo estas tierras a Israel, Él les ayudaría a recuperarlas, porque esta promesa, llamada pacto, no puede romperse. A pesar de que Israel había sido infiel a Dios a través de sus desobediencias –lo que los llevó a la esclavitud– Dios continuó amándolos.

Por lo tanto, esta victoria, a pesar de la difícil situación que representaba, sobre todo porque Israel no contaba con un gran ejército, se ganaría. Débora recordó que Abraham tenía noventa y nueve años cuando Dios le prometió un hijo. Inclusive Dios le dijo a Abraham qué nombre ponerle: Isaac. Sonrió imaginándose a la esposa de Abraham, Sara, riéndose cuando escuchó por primera vez la promesa de Dios, porque ella también era de edad avanzada. Sin embargo, un año después, ese bebé especial nació y la promesa de la tierra pasó a Isaac y a sus descendientes. Débora recordó la historia de Isaac cuando le construyó un altar al Señor en Beerseba. Ahí se le apareció el Dios de Abraham a Isaac, prometiéndole bendecirlo a él y a sus descendientes. Isaac fue el padre de Jacob. Después Dios cambió el nombre de Jacob a Israel y lo bendijo con doce hijos. Cada uno de sus doce hijos fueron jefes de una de las tribus que formaron la nación de Israel. Los nombres de sus hijos fueron Rubén, Simeón, Leví, Judá, Dan, Neftalí, Gad, Aser, Isacar, Zabulón, José y Benjamín. Cada uno de ellos había escuchado la promesa de Dios sobre la tierra de Canaán.

Cada vez que el pueblo de Dios desobedecía, regresaba a la esclavitud, y repitió ese proceder una y otra vez, sin reconocer sus pecados ante Dios.

Dios llamó a Moisés para que sacara a los hijos de Israel de Egipto después de cuatrocientos años. Y cuando estaban a punto de llegar a la tierra prometida, Moisés mismo también había desobedecido al Señor. Dios no podía permitir tal comportamiento, sobre todo en quien Él escogió para guiar a su pueblo. Debido a que Moisés no siguió las instrucciones de Dios, nunca se le permitió entrar a la tierra de Canaán. Josué guió a los hijos de Israel a su tierra.

Dios les dijo a los israelitas, no sólo que conquistaran a la gente que ocupaba sus tierras, sino que los *echaran*. Sin embargo, los israelitas no lo hicieron. Éstos que practicaban la idolatría se quedaron. Mucha gente de Israel se casó entre los cananeos y adoptó sus costumbres. Se alejaron del Dios viviente que los había escogido, alimentado y protegido. También hicieron ídolos de madera y piedra. Esta desobediencia los llevó a ser esclavos otra vez.

Mientras obedecían las leyes de Dios, Él los protegía. Débora sabía que su pueblo se había burlado del amor que Dios sentía por ellos. Los israelitas se jactaban del poder de Dios entre las naciones que los rodeaban, pero después ignoraban a Dios y sólo hacían lo que ellos creían era lo correcto.

Ahora, los israelitas se enfrentaban en batalla al enemigo que no echaron de sus tierras. Débora quería ver lo que sucedía abajo en el río, pero el viento y la lluvia continuaban, creando una nube espesa gris. Se acercó a la fogata para calentarse. Si tan solo pudiera oír lo que estaba sucediendo, pero los constantes relámpagos se lo impedían.

Cuando las trompetas de Israel se escucharon por primera vez llamando a los hombres a la batalla, los grupos de la tribu de Rubén, demostraron mucho valor. Ellos entendieron que la mano fuerte de Dios estaba con ellos en la batalla, y no se retirarían hasta vencer al opresor de Israel. Débora tuvo compasión de todos aquellos que habían ido a defender a Israel ese día. Los príncipes de Isacar, una tribu cercana al Mar de Galilea, acompañaban a Débora.

Débora se sentía orgullosa de su pueblo, sabiendo que estaban dispuestos a arriesgar sus vidas para ser libres. Llovía tan fuerte, que los hombres en sus carros y sus caballos no podían ver. Cada vez que intentaban quitarse el agua de sus ojos, se volvían a empapar.

Mientras Sísara guiaba al ejército del rey Jabín, pensó que las cosas no podían empeorar, cuando de repente enormes bolas de granizo comenzaron a caer sobre ellos. Levantando sus armas sobre sus cabezas, los soldados trataron de protegerse, pero al hacer esto, soltaron las riendas de los caballos.

Esquivando las dolorosas bolas de granizo y sin tener ninguna dirección, los caballos empezaron a clavar sus cascos en la tierra. En lugar de caminar hacia adelante, hacia los israelitas, los caballos se movían en círculos confusos. Cuando los jinetes trataron de desmontar, se tropezaban con sus propios caballos desorientados.

Dios colocó estratégicamente el viento helado, la lluvia y el granizo para no lastimar a su pueblo y así no tuvieron problemas para localizar al enemigo. Fácilmente hacían retroceder a las tropas enemigas y les quitaban sus armas. Los hombres de Barac avanzaban hacia los carros y los empujaban hasta la orilla del río furioso.

Capítulo 5

Muchos de los novecientos carros de hierro de Sísara quedaron atascados en el lodo espeso, sin que los pudieran mover, otros habían caído al río y la corriente se los había llevado. Muchos de los jinetes dejaron sus cabalgaduras, y abandonaron a los caballos a su suerte.

Los ángeles poderosos de Dios continuaban peleando la batalla de Israel. Sísara, quién confiaba en sus armas en lugar de confiar en Dios, finalmente comprendió que había perdido la batalla. Por lo que descendió de su carro, y se alejó de la batalla a pie, dejando a sus soldados sin su líder, mientras yacían sangrando y muriendo sobre el lodoso campo de batalla.

Mientras, el agua continuaba creciendo hasta que el río Cisón se desbordó arrastrando a muchos de los soldados de Sísara quienes se ahogaron en las remolinas corrientes.

La batalla empezó a alejarse de la orilla del río, pues los soldados de Sísara, al darse cuenta que estaban solos, retrocedieron. Las tropas de Barac persiguieron los carros que quedaban y a los soldados hasta un lugar llamado Haroset-goim, y todo el ejército de Sísara cayó a filo de espada, hasta no quedar ni uno. Los israelitas no provocaron esta guerra; Dios les dijo que pelearan. Débora estaba convencida que si no hubieran escuchado, sus enemigos habrían acabado con ellos.

Dios tenía planes para las doce tribus de Israel, por lo tanto, Él tuvo que protegerlos. Era el pueblo que Él había escogido para que registraran y mantuvieran copias de Su Palabra, y se las dieran a las futuras generaciones. También, el Mesías prometido algún día nacería de esta línea de descendientes siguiendo a Abraham, Isaac y Jacob, cumpliendo con la promesa del pacto de Dios.

Débora estaba parada en la cima de la montaña cuando la lluvia y la neblina empezaron a ceder. Mientras observaba cuidadosamente las tierras, se hizo evidente la promesa de la victoria de Dios. Los cuerpos de aquellos que no escucharon las advertencias de Dios y que habían oprimido y esclavizado a Israel, yacían en la orilla del río. Débora lloró por la necedad y desobediencia del enemigo, que les costó la vida.

Sin embargo, Dios, consoló su espíritu, recordándole que Él les había dado suficiente tiempo a estos hombres para que se alejaran de sus costumbres perversas, tal y como Él lo había hecho a través de la historia. Se habían negado a arrepentirse de sus pecados y a honrarlo.

Después Dios animó a Débora, recordándole las palabras que Él le había dado para que hablara con Barac, cuando por primera vez le dijo su plan: "Ve, junta a tu gente en el monte Tabor, y toma contigo diez mil hombres de la tribu de Neftalí y de la tribu de Zabulón; y yo atraeré hacia ti al arroyo de Cisón a Sísara, jefe del ejército de Jabín, con sus carros y su ejército, y lo entregaré en tus manos".

Dios le dio la victoria a Israel. El enemigo fue vencido. Seguramente, las naciones a su alrededor hablarían del poder de su Dios.

Los pensamientos de Débora regresaron a su pueblo. ¿Cuántos habrían muerto? ¿Estaría vivo Barac? ¿Y que habría sucedido con Sísara, el líder del ejército del rey Jabín? ¿Tendría Barac el valor de perseguirlo hasta el final? Débora sabía que mientras Sísara viviera, siempre sería una amenaza para Israel.

—Señor, por favor dale a Barac el valor para que termine esta batalla –oró Débora, consciente de que ella había sido la que instó a Barac en la montaña en primer lugar.

Seguramente, Barac ya se había dado cuenta del poder de la mano de Dios en contra de sus enemigos. Débora deseaba que este evento reforzara la fe de Barac.

Ahora los rayos brillantes del sol empezaban a asomarse a través de las nubes grises, testigo silencioso hasta el final de la batalla. A pesar de que se empezaba a sentir calor en la montaña, Débora añoraba estar sentada bajo su palmera. Deseaba ese lugar tan familiar no sólo por su seguridad y tranquilidad, sino por la cercanía de la gente que había orado con ella acerca del plan de Dios.

Débora comenzó a bajar lentamente del monte Tabor. Dos de las tropas de Israel se habían mantenido cerca, cuidando a la jueza de Israel, pues nada hubiera sido mejor para el enemigo que matar a Débora dejando a Israel sin su líder. Ahora los soldados se aseguraban que Débora bajara sin peligro la montaña.

Apoyándose en una gran roca, Débora empezó a cantar un cántico de agradecimiento al Señor por salvar las vidas de su pueblo. Cuando terminó de cantar dijo

—Por favor ayúdenme a buscar a Barac.

Débora estaba ansiosa de poder contarle a su esposo, Lapidot el resultado del conflicto, pues Dios sólo pidió que diez mil hombres estuvieran en las líneas de batalla. Débora comprendió que esto también había sido parte del plan de Dios, porque si Israel hubiera tenido más armas y más hombres, entonces las naciones que los rodeaban no se hubieran dado cuenta de la magnitud del milagro.

Por otro lado, Sísara, siempre tuvo mayores recursos para entrar en batalla. Aún tambaleante por los efectos de la devastadora derrota de su ejército, Sísara estaba muy humillado y temeroso de darle estas noticias al rey Jabín.

Cerca de un gran roble, Sísara se sentó poniendo sus manos sobre su cabeza. Una absoluta desesperación caía sobre él, como había sucedido con las nubes. Sabía que nunca podría regresar a su hogar, pues, ¿cómo podría explicar lo que había sucedido?

—La tormenta –musitó.

Le diré acerca de la terrible lluvia, viento, y granizo, pensó. Pero después cayó en cuenta de la verdad. *No, yo estaba al frente de las tropas del rey, y ahora, todos están... muertos.*

De nada le serviría perder el tiempo recordando las batallas anteriores que había ganado para los cananeos. La única victoria que le importaría al rey Jabín era la actual. Con esta derrota, la vida del rey correría peligro.

¿Debería Sísara regresar y proteger la vida del rey? Por algunos momentos consideró este último esfuerzo con el que podría ganarse nuevamente la confianza del rey, pero después recordó que los cananeos nunca negociaban; ¡ellos conquistaban!

A Sísara se le estaba terminando el tiempo. El enemigo seguramente lo perseguiría. ¿Quién se hubiera imaginado que esto sucedería? Sísara seguía perplejo por la derrota.

¡Teníamos más hombres que ellos! Los israelitas no tenían armas. ¿Cómo pudimos perder?, pensó.

Después de unos momentos, Sísara recordó a Héber, quién había sido amigo del rey Jabín y que había plantado sus tiendas en el valle de Zaanaim. Héber por lo menos había ido a advertirle a Sísara que Israel se estaba preparando para la batalla.

Seguramente querrá quedar bien ante los ojos del rey. Tal vez me pueda esconder, pensó Sísara, un hombre que ya no tenía opciones.

Capítulo 6

Barac y sus hombres se enfrentaron a los hombres que quedaban del ejército de Sísara en el pueblo de Sísara, en Haroset-goim. A pesar de que mataron a todos, no encontraban a Sísara.

—¡El cobarde huyó! –gritó Barac a sus hombres, olvidando el hecho de que Débora tuvo que ir a persuadirlo para que bajara del monte Tabor para que peleara en la batalla. Y lo más importante, la profecía de Débora: "Porque en mano de mujer entregará Jehová a Sísara", eso también se le había olvidado.

Mientras, Sísara estaba parado frente a la tienda de Héber, tratando de tomar aliento pues había corrido demasiado rápido. En ese instante, la esposa de Héber, Jael, abrió la tienda y vió a Sísara. Ella le dijo:

—Ven, señor mío, ven a mí, no tengas temor.

Esto se lo dijo para que Sísara confiara en ella. Agradecido, la siguió a la tienda. Frío y mojado, temblaba como un cachorro perdido. Jael se arrodilló junto a la puerta y sacó una manta, que más bien parecía una túnica o capa. Cuando Sísara se sentó en la alfombra, Jael lo tapó con esto.

Después él le pidió a Jael

—Te ruego me des de beber un poco de agua, pues tengo sed.

Ella le contestó:

—Sí, por supuesto –mientras entraba al área de la cocina.

Necesitaba tiempo para pensar qué iba a hacer.

Sísara no estaría en la puerta a menos que haya perdido la batalla, pensaba Jael. *De otra manera, estaría celebrando con su ejército.*

Jael pensó en qué sucedería si ayudaba al enemigo de Israel. Su esposo, Héber se había separado de su propio pueblo, pero de alguna manera había podido mantener una relación cordial con el rey Jabín. Héber nunca estaría en contra de Israel, sobre todo cuando se enterara que habían vencido a las tropas del rey.

Héber se había ido al amanecer cuando se enteró de la batalla. Posiblemente estaría viendo la batalla desde lejos, o tal vez en la orilla del río.

¿Qué debo hacer?

—¡Agua no... leche! –se dijo en voy baja.

La leche pondría dormir a Sísara y de esta manera ella podría llevar a cabo su plan. Cuidadosamente la sirvió en un tazón y se lo llevó a Sísara.

—Te pedí agua y tú me das leche en este tazón tan elegante –le dijo Sísara, sonriendo y se la tomó.

Después le dijo:

—Quédate a la puerta de la tienda; y si alguien viene, y te pregunta, diciendo: "¿Hay aquí alguno?", tú responderás que no.

Ella le dijo que así lo haría, cuidando que sus miradas no se cruzaran para que Sísara no leyera sus pensamientos. Confiando en ella, se recostó en la alfombra cerca de una de las paredes de la tienda, sin sospechar nada. Jael lo cubrió con la manta y se retiró.

En ese momento Jael no sabía que hacer; necesitaba valor para hacer lo que se tenía que hacer. Por fin, Sísara se durmió y entonces Jael tomó la caja de herramientas de Héber. De ahí sacó un mazo y una estaca de la tienda.

Ella se le acercó a Sísara y con un movimiento rápido le metió la estaca por las sienes, y lo enclavó en la tierra, pues él estaba cargado de sueño, y cansado; y así murió. Sísara, el gran general del rey Jabín, murió en manos de una mujer, tal y como lo profetizó Débora.

Jael se estremeció con miedo, pues acababa de matar a un hombre. En ese momento le era difícil entender que Dios la había usado para detener a este hombre quién intentó destruir el ejército de Israel.

Asqueada al ver el cuerpo de Sísara, se salió de la tienda y empezó a respirar el aire fresco que soplaba en el desierto esa noche. Fijó su vista en el viejo roble y se preguntó cuantos secretos guardaría el árbol.

Barac, quién aún perseguía a Sísara, se encontró con Jael, quién estaba parada débil y pálida afuera de su tienda. Aún vestido con su uniforme de general, ella lo reconoció como el general de Israel. Instintivamente, ella se dio cuenta del porqué él estaba ahí.

—Ven, y te mostraré al varón que buscas –le dijo.

Barac entró y no podía creer lo que vio. Sísara yacía muerto con la estaca por la sien. Rápidamente buscó para ver si alguien más se encontraba en la tienda, pues, ¡no creía que esta mujer lo había matado!

De repente recordó las palabras proféticas de Débora: "Iré contigo; mas no será tuya la gloria de la jornada que emprendes, porque en mano de mujer entregará Jehová a Sísara".

En lugar del regocijo que Barac había anticipado sentir, sobre todo después de esta gran victoria, se sintió abatido, derrotado y humillado. Débora le había advertido que sólo Dios tendría la victoria en esta batalla y sin embargo Barac egoístamente quería la gloria para él. Después de todo, él había sido prisionero de los cananeos cuando conquistaron a Israel. El sentimiento de venganza le hubiera hecho sentir que él personalmente los había vencido.

Sin embargo, al ver a Sísara, Barac no podía negar que Jael, quién simpatizaba con Israel, hubiera matado sin ayuda al general del rey.

—Dios nunca hubiera permitido que Sísara lastimara a Israel –se justificó ella.

—Sí, lo sé –le contestó sin emoción.

Después Barac le dijo a sus hombres que sacaran de la tienda de Jael el cuerpo de Sísara.

En ese momento, Barac se sintió pequeño e indigno, como generalmente la gente se siente cuando se ha enfrentado a una maravillosa salvación de Dios, a pesar de su orgullo, arrogancia y falta de dignidad. En su corazón sabía que Débora lo sobrepasaba espiritualmente, pero ella nunca buscó la gloria para sí misma. Además, si Débora no le hubiera exigido que bajara del monte Tabor, se hubiera rendido a la cobardía que guardaba dentro de su corazón.

Los soldados de Israel apoyaron a Barac en la batalla, peleando valientemente a pesar del clima y de que eran menos hombres, pero en realidad, habían seguido a Débora, pues ellos sabían que Dios la había llamado para que los guiara. Ahora Barac silenciosamente se alejó de Jael.

Una vez que se alejó de la tienda, se hincó humildemente. Sus soldados pensaron que estaba orando para que Dios lo guiara:

—Señor, perdona mi incredulidad y ayúdame a confiar en Ti.

Capítulo 7

Débora por fin llegó a la explanada del monte Tabor. A propósito evitó ver la matanza de la guerra. Las lágrimas rodaron por sus mejillas mientras bajaba la montaña, pero ahora tenía que ser fuerte pues un grupo pequeño de soldados la esperaban.

—Barac encontró a Sísara. Lo mató Jael, la esposa de Héber –le dijeron.

Débora dijo una oración en silencio, reflexionando en que esta muerte sería un gran peso en la conciencia de esta mujer.

—Gracias por darme las noticias. ¿En dónde se encuentra Barac?

—Fue a buscar al rey Jabín –le contestaron.

Débora pensó:

Este día aún no ha terminado.

Y volvió a orar, pidiéndole a Dios que le diera a su pueblo la fuerza para obedecerlo. Ella deseaba que los descendientes de Abraham, Isaac y Jacob, comprendieran el milagro que Dios había hecho por ellos. ¿Y Barac? Qué habrá aprendido él con este encuentro con el Todopoderoso.

El corazón de Débora se sentía como un vaso lleno de agua a punto de desbordarse de gratitud y tenía que expresarlo. Radiante, empezó a guiar a los israelitas en un cántico sobre los milagros que había visto:

—Las montañas tronaron ante la presencia del Señor, este Sinaí, en la presencia del Señor, el Dios de Israel.

A pesar de que ya era tarde, y la luna iluminaba el camino polvoriento, todos los vecinos y amigos salieron a encontrarse con Débora mientras llegaba a su casa. Al frente del grupo, estaba su esposo, Lapidot. Repentinamente, sin importarle lo que los otros pensaran, corrió hacia ella y abrazó a su esposa. No salieron palabras cariñosas de sus labios, pero Débora sabía que las lágrimas que caían sobre su hombro, le indicaban lo que ella significaba para él.

Esa noche todo Israel celebró, comprendiendo que su cautiverio había terminado. La mano poderosa de Dios había librado a Sus hijos otra vez. Celebraron, cantaron y bailaron. ¿Quién podría dormir en una noche así?

Débora quería saber todo lo que había sucedido durante el tiempo que la lluvia obscureció el campo de batalla. Las mujeres que permanecieron en la aldea también querían saber qué había ocurrido durante todo ese día. Nadie durmió más de unas cuantas horas mientras se acurrucaban frente a la fogata y compartían los milagros con los que Dios los había favorecido.

Un hombre contó como el viento helado había congelado las manos de los cananeos lo que les impidió que sacaran sus espadas de sus fundas para usarlas. Por causa de este viento, muchos israelitas salvaron sus vidas. Antes del amanecer, cantaron un último cántico de adoración a su Dios.

—Desde los cielos pelearon las estrellas; desde sus órbitas pelearon contra Sísara. Los barrió la corriente de Cisón, el antiguo torrente de Cisón. Marcha, oh alma mía, con poder. Cascos de caballos sacuden el suelo, por el galopar de sus valientes.

¡Qué día tan glorioso para manifestar el poder de Dios! Este día permanecería en la memoria de todos en Israel. Los padres lo contarían a sus hijos por generaciones.

Sin embargo, en otra aldea lloraba una madre por su hijo que no regresaría. El dolor que sentía era enorme.

—Sísara, oh, Sísara –gritaba sin recibir respuesta.

Veía por la ventana, la luna brillaba sobre el camino por el cual su hijo nunca viajaría otra vez. *¿Qué habrá sucedido con su túnica?* La que ella le había bordado con tanto amor. *¿Se la habrían llevado los israelitas?*

¿Cómo podía ella comprender lo equivocado que Sísara había actuado hacia los israelitas? A pesar de todo, él era su hijo. En batallas anteriores con Israel, Sísara había ganado. Ella estaba segura que en esta ocasión, sucedería lo mismo. El rey también se había ido. En un día toda su vida había cambiado. No conocía al Dios que protegió a Israel, por lo tanto ella sentía que no había esperanza en su futuro.

Débora oró por las familias cananeas que habían enterrado a sus seres queridos. A pesar de que esta gente había escogido ser enemiga del pueblo de Dios, ella sabía que Dios los amaba a ellos también. Si tan sólo ellos también lo aceptaran como su *Adonai*, palabra hebrea que significa *Dios*. ¿No se daban cuenta del tremendo poder con el que se enfrentó a su ejército? Seguramente, al analizar el conflicto, a la conclusión racional a la que podrían llegar, era darse cuenta de cómo un ejército de tan sólo diez mil soldados pudo haber resistido un ejército del tamaño del rey Jabín, sin que hubiera sido un milagro de Dios.

Débora estaba consciente que su pueblo había estado bajo en control de Jabín por más de veinte años. Él era de la ciudad de Hazor. Su inmenso poder constaba de trescientos mil soldados, diez mil jinetes y más de tres mil carros. Sísara había sido el comandante de este gran ejército. Tal vez el que se corriera la voz a través de la región de la tremenda derrota, serviría como advertencia a otros que quisieran atreverse a controlar a Israel.

Sin su general, el escaso y derrotado ejército del rey Jabín, se dispersó. Al finalizar su oración, Barac por fin se dio cuenta que Dios realmente pelearía por Israel. Reforzada su fe en la habilidad de Dios, el general de Israel reunió a sus tropas y se dirigió a la ciudad de Hazor.

Mientras los guerreros de Israel llegaban a la ciudad, los hombres corrían aterrorizados por sus vidas, mientras que las mujeres y los niños se escondían en sus casas. Las noticias de la derrota les había dado poco tiempo para esconderse. Repentinamente, aquellos a quienes había apoyado el rey Jabín, se alejaron de él, temiendo que ellos también perderían sus vidas.

El ejército de Barac se aprovechó de esta oportunidad y venció la ciudad. Después, agradecieron al poderoso y verdadero Dios de Israel quién intervino para salvar a su pueblo y sometió su obstinación e ingrato comportamiento.

Ellos sabían que el Señor quería que ellos comprendieran la actitud que los hizo caer en manos de otras naciones. Ahora, Débora se preguntaba cómo le iba a hacer Dios para perdonarlos por todos los años de desobediencia.

Anteriormente, los hombres se consultaban unos a otros en lugar de seguir los mandamientos de Dios. Después de la batalla, Débora regresó a sus obligaciones como jueza, y la gente venía a ella con preguntas básicas, como si se hubieran olvidado del significado de las leyes de Dios.

Hace mucho tiempo su Creador se presentó ante Abraham como el *Dios Viviente*, y habló cara a cara con él. Débora oró para que el Señor, quién demostró un vital interés en su relación con los israelitas, le enseñara a ella como tocar los corazones de su pueblo con la verdad.

Capítulo 8

Débora se dio cuenta que el rescate de Dios hacia Israel había causado un profundo efecto en Barac. La debilidad que había afectado su carácter anteriormente, ahora había sido reemplazada con decisión y fuerza. Finalmente, manifestaba su poder y aspecto fiero conforme al significado de su nombre: *relámpago*, pues cuando un hombre finalmente rinde su espíritu al control de Dios, su naturaleza cambia de adentro hacia fuera.

El miedo que Barac había experimentado anteriormente, había sido por el hecho de operar bajo su propio poder y asumir que el desenlace de cualquier evento caía sobre sus hombros. Ahora, confiando en Dios, el peso se hizo ligero. La responsabilidad de Dios era proteger a Israel y la obligación de Barac era simplemente seguir instrucciones.

Las naciones que rodeaban a Israel no volvieron a atacarlos ni a lastimarlos. El resultado de la batalla de Israel con el rey Jabín había causado gran impacto y temor en las mentes de sus enemigos. Además, no podían olvidar esta victoria, pues Débora y Barac continuamente celebraban el evento cantando cánticos conmemorativos con la gente de Israel.

"Oíd, reyes; escuchad, oh príncipes; yo cantaré a Jehová. Cantaré salmos a Jehová, el Dios de Israel. Cuando saliste de Seír, oh Jehová, cuando te marchaste de los campos de Edom, la tierra tembló, y los cielos destilaron, y las nubes gotearon aguas. Los montes temblaron delante de Jehová".

Sin embargo, no todas las tribus de Israel respondieron al llamado de la trompeta para ir a la batalla. En realidad, algunas tribus no enviaron a ningún representante. Los miembros de la media tribu de Manasés en Galaad se quedaron al otro lado del Jordán, mientras que los de la tribu de Dan se quedaron en sus naves, y los hombres de la tribu de Aser se quedaron en la orilla del mar. ¿Habían tenido temor de perder la batalla? ¿O simplemente quisieron continuar con sus viejas costumbres?

Débora no podía imaginarse las intenciones de sus corazones, les expresó su agradecimiento a los hombres de la tribu de Zabulón, quienes mostraron no tener temor a la muerte, pues la salvación de Israel tenía que ser completa. No podían permitirse tener guerras dentro de su propia nación. Tal vez la vergüenza personal al contemplar esta gran victoria, sería el decreto de culpabilidad de aquellos hombres que no pelearon con Israel.

Aquellos que pelearon en la batalla, fueron testigos del poder de Dios, pero las tribus que no estuvieron ahí, sólo escucharon las historias de los labios de los hombres que sí fueron. ¿Sería esto suficiente para cambiar sus vidas?

Débora narró y volvió a narrar todos los riesgos que habían corrido Barac y su ejército, y les enseñó la canción a los que se lo pedían, con la esperanza de que se involucraran en la intervención del Señor para Israel.

"Bendita sea entre las mujeres Jael, mujer de Héber ceneo; entre las mujeres que habitan en tiendas, bendita sea. Él pidió agua, y ella le dio leche; en tazón de nobles le presentó crema".

Débora cantaba este verso del cántico repetidas veces, ilustrando a todas las tribus, no sólo sobre la muerte de Sísara, sino también sobre la profecía cumplida de Dios con respecto a las circunstancias.

"Así perezcan todos tus enemigos, oh Jehová; mas los que te aman, sean como el sol cuando sale en su fuerza."

Ella se enfocaba en ayudar a los israelitas para que entendieran el motivo por el cual Dios los salvó, no era porque se lo merecían.

En ocasiones Débora veía a los israelitas como niños malcriados queriéndose salir con la suya, negándose a razonar. La vida le parecía muy sencilla a Débora. Ella odiaba los problemas y los conflictos, por eso, para evitarlos, escogió obedecer los mandamientos de Dios. Cuando se fueron a la batalla, su estómago lo sintió como una bola de hilos enredados. El recordar como se había sentido, la hizo temblar, pero al soltar sus aprehensiones, Dios las suplió con fe para que ella confiara en Sus habilidades. Antes de tomar cualquier paso desafiante, Débora oraba y confiaba en Dios. No es que los mandamientos de Dios fueran más fáciles para ella que para el resto de Israel –tal vez en algunos aspectos podían haber sido más difíciles– pero Débora entendió que Dios jamás la llevaría a donde Él no pudiera sostenerla. Por lo tanto, ella caminaba junto a Él.

Débora sabía que no podría guiar a los israelitas, si ella tampoco seguía a Dios voluntariamente. ¿Quién iba a creer que Dios los había salvado en el presente sin que Débora les recordara que Él ya había intervenido en numerosas ocasiones en el pasado?

En ocasiones Débora recordaba el momento en el que Dios la llamó para ser profetisa y jueza en Israel. Tenía presente su incapacidad y la inquietud que había sentido en aquel momento. Se había preguntado como iba a satisfacer las necesidades y las demandas de los israelitas. Expresar sus sentimientos en oración, siempre la hizo confiar en la habilidad total de Dios, motivándola a ser completamente feliz de estar bajo su cuidado.

Ahora entendía cómo enseñarles a los israelitas a confiar más. Les recordaría el principio de la relación de Dios con esta nación y, a partir de ahí, les contaría todo. Con nuevas esperanzas, Débora terminó de orar, lista para iniciar un nuevo día.

Capítulo 9

Desde una ventajosa ubicación en la cima de la colina debajo de su palmera, Débora veía los montes y el valle abajo. El húmedo rocío cubría el exuberante viñedo sobre las laderas debajo de ella. Los hombres ya se ocupaban de limpiar los campos, removiendo las piedras grandes cuidadosamente (para después usarlas para construir paredes). Cuidadosamente limpiaban y preparaban las tierras para luego recibir de ellas sus frutos. En ocasiones, un manojo de uvas era tan pesado, que se necesitaba cargar en un palo entre dos hombres.

Verdaderamente, Dios había bendecido sus tierras, no sólo con mucha gente sino con abundantes cosechas. Tiernamente, Él cuidaba de ellos. Sí, pensó Débora, ahora puedo compartir esta analogía con la gente.

Cuando Débora hablaba con la gente, ellos correspondían inmediatamente. De alguna manera al ver esta prosperidad cada año, ellos daban todo por hecho. Mientras Débora hablaba de cómo su amoroso Dios y Padre había preparado sus corazones y los había protegido, todo se hizo obvio: Él los amaba y los cuidaba con un amor perfecto. Por esta razón, ellos tendrían que ser obedientes.

Débora había preparado aún más las bases para que ellos creyeran en lo que Dios tenía para ellos. Les recordaba las cosas que Dios le había dicho a Moisés que escribiera. Por ejemplo, les recordaba que había ocurrido un evento importante que involucraba a un hombre que desobedeció a Dios: Sucedió en el huerto de Edén. Había sólo un árbol en todo el paraíso del cual Dios les dijo a Adán y a Eva que no podían comer sus frutos, y Satanás, la astuta serpiente, les mintió, diciéndoles que Dios no los castigaría si le desobedecían.

—Por su puesto, una vez que pecaron, Dios tuvo que llevar a cabo Su advertencia: A partir de entonces, el hombre moriría. Dios no quiso que esto sucediera. Él creó al hombre a su imagen y semejanza, y le pidió al hombre que obedeciera sus advertencias. Se lo pueden imaginar –dijo Débora, mientras veía a través de los ojos de un pequeño niño de cabello oscuro–, Adán y Eva lo tenían todo y lo perdieron todo por desobedientes.

El pequeño niño suspiró, al dárse cuenta que el primer hombre y la primera mujer, no habían sido mejores que la gente que él conocía en Israel. Todos ellos también habían desilusionado a Dios. Se sintió avergonzado, porque sabía que en algunas ocasiones él había mentido para no meterse en problemas. También sabía que había peleado con sus hermanos y sus hermanas, en lugar de resolver sus diferencias en paz. Una lágrima rodó por su ojo derecho y otra por su ojo izquierdo.

Entonces Débora extendió sus brazos y lo puso sobre sus piernas. Mientras le enjugaba las lágrimas de sus ojos con un pañuelo blanco, continuó enseñando a su gente:

—Dios amaba a Adán y a Eva, tanto, que no quería separarse de ellos, a pesar de que pecaron. Así que ahí mismo en el jardín, frente a la serpiente, Dios les prometió que un día les iba a enviar a su Salvador. Y ese Salvador será llamado el Mesías, pues Él salvará a su pueblo de sus pecados –dijo enfáticamente Débora.

El niño sonrió. Ahora tenía esperanza.

El niño preguntó:

—¿Pero cómo lo podrá hacer el Mesías?

—¿Recuerdas que nuestro pueblo sacrifica un cordero cada año cuando celebramos las fiestas de Pascua?

El pequeño niño movió su cabeza en señal de que entendía.

—Algún día, Dios sacrificará Su perfecto cordero sin mancha, el Mesías, para cubrir nuestros pecados –contestó.

—¿Quieres decir que este Mesías tendrá que morir por mí? –preguntó el niño.

—Sí, es exactamente lo que estoy diciendo.

Débora volvió a ver a través de los ojos del niño y añadió:

—Dios hará esto por todos nosotros porque Él nos ama.

—Cuéntanos más sobre las fiestas –comenzó a decirle la gente, ansiosa de saber todo sobre Aquel que los salvaría.

—Todas las fiestas señalan los diferentes aspectos de la llegada del Mesías –les contó Débora–. Empecemos con el primer mes del año, Nisán. Cuando Dios le dijo a Moisés que sacara a nuestro pueblo de Egipto, lo hizo a través de lo que ahora llamamos una santa convocación. Esto quiere decir, que todos en Israel deben guardar estas fiestas. Durante la Pascua, los israelitas tuvieron que poner sangre de cordero en los postes de la casa para que cuando pasara Dios no lastimara a ninguno de la casa. Pero, como el faraón egipcio se había rehusado a dejar salir al pueblo de Dios, el primogénito de cada hogar que no tuviera sangre de cordero en el poste, moriría.

—Dios dijo que cada año, cuando escogiéramos un cordero para nuestra casa, debía ser sin mancha, o libre de imperfecciones. Y que después, tomáramos el cordero y lo guardáramos hasta que llegara el momento de prepararlo para comerlo.

Todos los niños asintieron, pensando que lo mejor de la fiesta era que podían jugar con el cordero. Débora les dijo:

—La segunda parte de la fiesta se lleva a cabo el día quince de Nisán. Ese día debemos preparar la casa limpiándola de levadura, que representa el pecado. Después preparamos pan sin levadura para recordar que en un solo día Dios sacó a todo nuestro pueblo de la tierra de Egipto. Dios dijo: "Siete días comerás panes sin levadura; y así el primer día harán que no haya levadura en sus casas; porque cualquiera que coma leudado desde el primer día hasta el séptimo, será cortado de Israel".

Débora no podía creer que su pueblo la escuchaba atentamente.

Los niños empezaron a bailar alrededor de Débora, emocionados, anticipando la primavera y la celebración de la Pascua. Débora sonrió al verlos divertirse, sabiendo que Dios había iniciado estas fiestas no sólo para hablarle a Israel sobre el Mesías, sino porque Él quería que ellos siempre recordaran con gozo el pasado de Israel. Débora se levantó y se estiró por unos momentos. Había estado sentada durante mucho tiempo. Pensando que posiblemente la gente ya quería irse a sus casas, dudo un poco antes de seguir hablando. Después, los niños se volvieron a sentar y los adultos gritaron:

—¡Cuéntanos más sobre las fiestas, jueza Débora!

Así que empezó otra vez:

—Bueno, como ya saben, nuestro día de descanso, el *sabbat*, o sábado es el día en el que Dios dijo que lo debemos honrar cada semana, y el último día de la celebración de la Pascua es un *sabbat*. A este día le llamamos *la fiesta de los primeros frutos*.

—Qué nombre tan chistoso –dijo el niño–. ¿Qué quiere decir?

—Estas fueron las primeras plantas que crecieron después de haberlas plantado –le dijo Débora–, y se las ofrecemos a Dios porque Él fue quién bendijo la cosecha.

—Oh –dijo el niño, después de haber entendido lo que Débora le explicó.

Cuando los niños empezaron a inquietarse, Débora sabía que ya era hora de dejarlos ir a sus casas. Había sido un día largo, y ella también estaba cansada. Mientras se levantaba para despedirlos, el niño que estaba de pie frente a ella, decidió hacer una pregunta más:

—¿Por qué quiere Dios que sigamos con estos festejos?

Su pregunta impresionó a Débora, porque pensó que sería el tipo de pregunta que haría un adulto, y no pudo sino que sonreír. Puso su mano sobre la cabeza del niño y le dijo:

—Porque quiere que lo recordemos a Él y todas las cosas que ha hecho por nuestro pueblo –respondió Débora.

—Oh –dijo el niño sonriéndole a Débora.

Después, sin pronunciar otra palabra, le ayudó a Débora a enrollar su tapete para poderlo cargar. (Débora nunca lo dejaba afuera por la noche para que no se mojara.) Silenciosamente, el niño tomó la mano de Débora y caminó con ella hacia la aldea. Debido a que Débora no tenía hijos, saboreaba la dulzura del momento. La madre del niño los seguía mientras los veía, pues quién podría ser mejor amigo del niño, sino Débora, la jueza de Israel.

Cuando llegaron a casa de Débora, el niño le dio un beso y siguió caminando con su mamá. Lapidot saludó a Débora. Había estado afuera viendo a la gente descender de la colina y lo conmovió ver a Débora caminar con el niño. Cómo había deseado tener hijos. Pero si Débora hubiera tenido hijos, tal vez no hubiera tenido tiempo de ser: *la madre de todo Israel*.

Capítulo 10

Mientras Débora se acomodaba debajo de su palmera esa mañana, vio una caravana de camellos a través del desierto. Se dirigían hacia el este del río Jordán. Qué raras y maravillosas criaturas eran.

Tal vez esos camellos habían pertenecido al rey Jabín. Débora levantó la mirada, pues los reyes de esas tierras usaban a estos animales para viajar y para cargar sus pertenencias. Ahora que estaba muerto, sus riquezas cayeron en manos de dueños nuevos.

—Qué raro es que la gente pase tanto tiempo comprando cosas que tendrá que dejar cuando muera –Débora dijo en silencio.

Débora trabajaba para la gente, enseñándoles todo lo que sabía del Dios que la había escogido y que ahora le daba Sus indicaciones. Qué honrada se sentía, sabiendo que el camino que Dios le había enseñado, había cambiado a los israelitas.

Lapidot probablemente en algunas ocasiones había deseado que Dios lo hubiera escogido a él, pero estaba contento apoyando los esfuerzos de Débora con su pueblo. Y él habría sido el primero en defenderla si alguien hubiera insinuado que sus funciones tendrían que haber sido al revés. Dios escogió a Débora, colmándola con un carácter fuerte y un corazón obediente. Ella le ofreció estas habilidades para que Dios las usara cada día mientras ella escuchaba las necesidades de su pueblo. Su corazón compasivo era la herramienta de Dios, y nunca tuvo miedo de hablarles con la verdad a los israelitas o de los mandamientos de Dios.

—Cuéntanos más sobre las fiestas –le pedía un grupo de niños sentados junto a ella.

A pesar de que los niños ya habían visto estas celebraciones cada año, ellos querían entender el significado que tenía cada día especial. ¿Cómo podrían obedecer a Alguien a quien no comprendían? Estas fiestas les decían mucho acerca de Dios y Sus expectativas para ellos. Débora sabía que el tiempo que pasaba con ellos explicándoles las cosas, llegaría a una nueva generación de gente joven que pondría de manifiesto su aprecio hacia Dios.

—Ayer hablamos sobre la Pascua. ¿Quién recuerda lo que dijimos?

Muchos de los niños demostraron que habían escuchado atentamente respondiendo correctamente lo que Débora les había enseñado el día anterior. Débora se sentía muy orgullosa de cada niño.

—Una de las razones por las que Dios le pidió a Moisés y a nuestro pueblo que observaran ésta santa convocación, es para que permanezcamos cerca de Él. También, para demostrarles a las naciones a nuestro alrededor que el mismo Dios que nos protege con Su poder también quiere celebrar con nosotros. Somos únicos en todo el mundo, pues de nuestra nación vendrá el Salvador –dijo Débora.

Los niños con los ojos muy abiertos murmuraban:

—Oh, somos muy especiales.

—Sí, pero recuerden que lo que nos hace especiales es el hecho de que Dios nos escogió.

Nunca debemos pensar que somos diferentes a otras naciones, si no es por Él. Es Su cercanía a nosotros lo que nos hace gente especial. Por eso lastimamos a Dios cuando no hacemos caso a Sus leyes y nos volvemos desobedientes como las naciones que no lo conocen. ¿Se dan cuenta por qué es tan importante seguir sus mandamientos? –preguntó Débora.

Débora continuó diciendo

—La otra manera en que las fiestas ayudan a nuestra gente es que nos mantiene unidos. En muchas ocasiones otras naciones han tratado de matarnos o capturarnos y llevarnos a lugares lejanos, pero cuando obedecemos a Dios, Él siempre nos regresa a nuestras tierras –agregó.

Débora ya les había hablado sobre los cuatrocientos años que estuvieron en Egipto y cuando Dios escogió a Moisés para que los librara del control de Faraón. Esto había sucedido doscientos años antes de que Débora naciera, pero la gente de Israel continuaba contando lo que les había sucedido hacía muchos años. Al contar estas historias a los niños, la historia pasaba de una generación a otra generación.

—Ya hablamos de *la fiesta de los primeros frutos* que consiste en regresarle a Dios los primero granos que cosechamos. La siguiente celebración se llama *Pentecostés*. La palabra *pente* significa cincuenta, y en este festejo se junta toda la cosecha.

El mismo pequeño niño que había hablado el día anterior preguntó:

—¿Por qué este festejo es diferente al otro?

—Durante el festejo de los *primeros frutos*, el sacerdote ofrece los granos a Dios ante el altar. Pero, en este festejo el sacerdote, quién viene de la tribu de Leví, toma dos hogazas de pan que están hechas de masa y las lleva al altar y le agradece a Dios por toda la cosecha de granos.

Otro niño dijo:

—Pero yo creía que se hacía un sacrificio de animal.

—Sí, tienes razón –le contestó Débora–. Dios también le dijo a Moisés que sacrificara un macho cabrío como ofrenda por el pecado y dos corderos machos de un año como sacrificio de paz.

Es importante que recuerden que en este festejo se hace una ofrenda de holocausto, una ofrenda por el pecado y los sacrificios de paz. Significativo por igual, es el hecho de que esto ocurre una vez que toda la cosecha se ha levantado de los campos de siembra –les dijo Débora.

—¿Por qué Dios siempre quiere que las cosas se hagan de cierta manera? –preguntó una niña.

Débora le dijo:

—A través de nuestra obediencia a sus mandamientos, Él nos enseña como honrarlo. Dios no necesita nuestra comida, pero sí quiere que seamos agradecidos por sus regalos.

—¿Por qué dos hogazas de pan? –preguntó el niño mayor, el que había hablado antes.

—Bueno, una representa a Israel y la otra es para los que no son de nuestra nación. Dios ama a todo el mundo y desea que todos lleguen a conocerlo y a amarlo.

Débora les respondía a los niños sonriendo:

—Él quiere que cada uno de nosotros sienta Su gran amor, para que nunca pensemos que nos ha abandonado o que estamos solos en este mundo grande –les aseguró.

—Pero, no estamos solos. Tenemos a toda la gente de la aldea –dijo un joven.

—Me da gusto que te sientas seguro y a salvo aquí –le dijo Débora, consciente de que el joven había hablado con el corazón de un niño.

Pero ella misma en algunas ocasiones había experimentado cierta sensación de soledad. Por ejemplo, cuando Dios le dijo que Él había escogido a Barac como el general para guiarlos en la batalla y ella no había podido comentarlo con nadie. A pesar de que hubo momentos difíciles, Débora comprendió que Dios la amaba y la cuidaba. Ahora ella esperaba poder hacerles entender adecuadamente a los niños que Dios siempre los cuidaría a ellos también.

Durante el tiempo que Israel se preparó para la batalla con los cananeos, los adultos fueron los que habían orado con Débora. Sin embargo, una vez que los padres de los niños habían regresado de la batalla, ahora también los niños empezaban a hablar sobre los grandes milagros que Dios había hecho a los israelitas. Tal vez ahora era el momento de enseñarles a los niños como orar. Débora tuvo una idea.

—¿Recuerdan cuando hablamos de Adán y Eva?

Los niños asintieron.

—Bueno, Dios acostumbraba a hablar con ellos mientras caminaba en el jardín. También les dio la oportunidad de que ellos hablaran con Él. Yo sé que ustedes me han visto llegar a este lugar por la mañana a orar, y sus padres también han orado conmigo por la salvación de Israel. Dios escuchó nuestras oraciones y las contestó, haciendo más de lo que nosotros esperábamos –les dijo ella.

Los niños le preguntaron:

—Jueza Débora, ¿nos enseñarías a orar?

—Por supuesto –les contestó–. Me hinco ante Dios, porque Él está en control de todo y nos ha hecho a nosotros y a todo lo que está en este mundo. Por lo tanto debo honrarlo.

Siguiendo su ejemplo, todos los niños se arrodillaron y Débora los guió en una oración de gratitud a Dios.

Capítulo 11

Ahora que los israelitas no eran esclavos de los cananeos, la libertad se sentía en el aire. Mientras, Débora se detenía a ver los olivos cerca de su casa. Algunos de éstos árboles estaban ahí desde antes de que Moisés llegara, y habían durado cientos de años. A Débora le gustaban estos árboles especialmente durante el otoño, cuando su follaje grisáceo caía sobre la tierra cubriéndola como si fuera nieve.

Una vez que la gente se reunió debajo de su palmera, Débora les dijo:

—Hoy terminan las clases sobre el resto de las fiestas.

Rápidamente la multitud se sentó, y como siempre, los niños se sentaron junto a Débora.

—Alguna vez se han preguntado, ¿por qué suenan las trompetas en Israel? –preguntó Débora.

—Cuando empezó la batalla, los hombres tocaron las trompetas –contestó el pequeño niño que días antes se había sentado sobre las piernas de Débora.

—Tienes razón –le respondió–. Una de las razones para tocar las trompetas es llamar a los hombres a la batalla. Dios nos dio este medio de comunicación para anunciar eventos especiales a nuestra gente. Hace mucho, el Señor habló con Moisés y le dijo que hiciera dos trompetas y las usara para llamar a su congregación. Las trompetas las tocan los sacerdotes anunciando el inicio de las fiestas a Israel. Cuando la gente salió de Egipto, en el gran Éxodo, las trompetas sonaron. También se tocan cuando hay peligro. Dios nos dijo que hiciéramos esto, para advertirle a toda la gente en caso de que se presente algún problema. En muchas ocasiones esto nos ha salvado de nuestros enemigos. Verán, el Señor siempre nos ha cuidado y nos ha enseñado a sobrevivir, a pesar de lo que suceda. Ahora les voy a explicar *la fiesta de las trompetas.*

Siguió Débora:

—Como ya lo saben, empieza el primer día del séptimo mes, que es Tishri, y al igual que las otras fiestas, es un día de descanso. Nuestro Dios sabía que nosotros seguiríamos trabajando y nunca pararíamos al menos hasta que Él estableciera los días para que nosotros descansáramos. Así que todo Israel se reúne en el *tabernáculo de reunión.*

Una vez más los niños escuchaban pacientemente, con el deseo de aprender todas estas costumbres que hacían que su gente fuera diferente a las otras naciones. El Dios de la creación habló directamente con sus líderes, diciéndoles los deseos de Sus acciones.

—Ahora, en el décimo día del mismo mes, Tishri, hay otra parte de este festejo, al que se le llama *el día de la expiación*, o Yom Kippur. Este es el día cuando el sacerdote entra al lugar santísimo para ofrecer un sacrificio por todos los pecados que Israel haya cometido durante el año. Ustedes ya saben que por adorar a los ídolos y por hacer sacrificios a dioses paganos, este año nuestro pueblo tendrá mucho de qué arrepentirse. Por cierto, que el estado de ánimo de esta fiesta, es siempre muy solemne y triste porque sabemos que le fallamos a nuestro santo y perfecto Dios. Nuestros pecados son horribles para Él. Ésta es la razón por la cual Él quiere que nos arrepintamos y que iniciemos un nuevo año.

Mientras Débora decía estas palabras, cada persona empezó a examinar sus propias vidas, conscientes de cómo le habían fallado a Dios. Culpablemente, mantenían sus cabezas hacia abajo, avergonzados para que los otros no vieran sus caras, pues sentían que sus pecados se reflejaban en su exterior en lugar de su interior.

Dándose cuenta cuán heridos estaban sus espíritus, Débora empezó a levantarles el ánimo contándoles los sucesos de la última parte del festejo.

—La tercera parte de esta celebración se llama *la fiesta de los tabernáculos*. Para esta ocasión construimos tiendas o casitas, en las cuales vivimos durante la fiesta, para poder recordar cómo nuestro pueblo sufrió en tiendas mientras Dios los libraba de la esclavitud en Egipto.

Una niña preguntó:

—¿Ese es el día cuando juntamos las ramas de palma?

Tratando de guardar toda esta información correctamente en su mente. Débora asintió con su cabeza.

—Durante los ocho días en que celebramos esta fiesta, el sacerdote ofrece un sacrificio de setenta toros en un altar. Esto se debe a que Dios derramó la sangre de animales para cubrir el primer pecado que el hombre cometió. Dios le dijo a Moisés exactamente cuantos animales Él quería que se sacrificaran para este festejo –les dijo Débora–. Estos toros representan a todas las naciones del mundo, como nosotros sabemos, Dios quiere que todos ellos se conviertan a Él. Por esto es tan importante que sigamos Sus leyes.

Y añadió:

—Cuando las naciones a nuestro alrededor ven como Él protege a los que le obedecen, ellos también lo quieren conocer. ¿Se dan cuenta de que podemos alcanzar a aquellos a nuestro alrededor tan sólo haciendo lo que Dios quiere? –Débora preguntó y los niños asintieron con sus cabezas.

Le encantaba ver las caritas de los niños.

—¿Por qué la gente de otras naciones tiene que obedecer a Dios? –preguntó un joven.

—Todos tienen que obedecer a Dios –respondió Débora–. Lo que sucede, es que mucha gente prefiere ignorarlo, y cuando lo hacen, las consecuencias son terribles. Recuerden cómo Dios acabó con todo el ejército del rey Jabín. Si el rey Jabín y su ejército hubieron honrado a Dios adorándolo y siguiendo sus leyes, Dios no los hubiera castigado. Nosotros también sufrimos siendo esclavos de los cananeos. Finalmente, nuestro pueblo se acordó del Dios que trataron de olvidar, y Él vino a pelear nuestra batalla.

Débora continuó:

—A veces la gente piensa que puede engañar a Dios haciendo lo que quiere, pero Dios nos ve y conoce nuestros corazones. Por eso es que es tan importante estar junto a Él y obedecerlo.

Otro niño preguntó:

—¿Por qué los sacerdotes son los únicos que pueden tocar las trompetas?

—Dios escogió a Aarón y a sus descendientes, junto con la tribu de Leví, uno de los doce hijos de Jacob. Dios los escogió para que se dedicaran a todo lo relacionado con la adoración de nuestro Dios. De otra manera, la gente se hubiera peleado sobre quién sería el responsable de este cargo tan importante.

Débora dijo:

—¿No sería terrible si la gente discutiera sobre quién va a honrar a nuestro Dios?

Aquellos que la escuchaban día con día se maravillaban constantemente en la forma en que Débora hacía que las cosas complicadas se vieran sencillas. Sus preguntas siempre los hacían pensar. Estaban muy agradecidos que Dios la hubiera escogido a ella como jueza de Israel.

Mientras el sol se metía en el horizonte, las trompetas sonaron anunciando el inicio del *sabbat*. Débora despidió a la gente para que se fueran a preparar sus casas.

Cada semana los israelitas celebraban el *sabbat*, primero alabando a Dios y después compartían sus alimentos con sus familias. Las casas de decoraban, las mesas se ponían nítidamente, y se prendían las velas. La copa de vino se bendecía y se distribuía entre los miembros de la familia. Este proceso se llama *kiddush*, que significa sacrificio.

Por las tardes, Débora había estado cosiendo un hermoso mantel. Hoy lo pondría sobre la mesa y le daría una sorpresa a Lapidot. Este simple acto semanal de adorar a Dios, los separaba de todas las naciones a su alrededor, especialmente de los cananeos.

Con la celebración del *sabbat*, Débora compartiría sus alimentos con su esposo y, con una familia que vivía cerca, disfrutarían del delicioso cordero, y así su casa se llenaría de felicidad. Débora y Lapidot, como todos los israelitas, tenían mucho que celebrar en este *sabbat*. Dios los había liberado de la opresión y ahora todos iniciaban una nueva vida.

Capítulo 12

Débora llegó a su palmera al amanecer. Mientras acomodaba su tapete, varios de los niños mayores, junto con sus padres, expresaban su deseo de orar con ella. Ahora que les había enseñado a comunicarse con Dios, este deseo había sido sembrado en sus corazones. La misericordia de Dios era obvia con cada uno de ellos, pues ellos habían desobedecido y eran los que menos merecían la ayuda del Señor, sin embargo Él los había protegido y salvado sus vidas.

Débora agradeció a Dios por estas personas que ahora se arrodillaban a orar con ella. Ella sabía que toda esta gente joven sería necesaria para asegurar la futura estabilidad de los israelitas. Su profunda fe en Dios significaba que algún día, cuando ellos crecieran y tuvieran su propia familia, todo lo que Dios había hecho por ellos se seguiría contando continuamente.

¿Cómo podían mantenerse callados después de haber atestiguado el poder de Dios? Con sus ojos cerrados, Débora repasó en su mente como el suceder de los hechos los había llevado a ese momento. Recordó haber estado en ese mismo lugar cuando Dios le habló revelándole que Barac había sido Su elección para que fuera el general de Israel.

La gente también había orado con ella, demostrando su gran fe, a pesar de que no les había podido decir lo que Dios le había dicho. Confiaron en Dios para que les quitara su opresión y sufrimiento y Él no los defraudó. Jamás lo haría.

Un escalofrío corrió por la espalda de Débora cuando recordó no sólo el viento frío y la lluvia sobre el monte Tabor, sino también la maravillosa presencia del poder de Dios. Los truenos sonaban fuerte, y los relámpagos iluminaban el cielo gris. Aún podía sentir la fuerza de Sus ángeles mientras peleaban por los israelitas. Tal vez estas escenas envolvieron totalmente sus sentidos y se quedarían con ella vívidamente como si hubiera podido ver la batalla con sus propios ojos.

¿Cómo había sido para los israelitas estar en el campo de batalla enfrentando al bien entrenado ejército del rey; confundidos y luego cayendo en las corrientes furiosas del río? A pesar de haber escuchado sus historias, sólo se podría imaginar realmente como se sintieron si hubiera estado ahí.

Una vez terminada la batalla todo parecía haber regresado a la normalidad, este fenómeno inusual que la gente había presenciado se parecía a un sueño, pero mientras hablaban entre ellos, los sucesos volvieron a ser reales. Y nadie podía discutir que Dios había intervenido para salvarlos a todos.

Débora podía escuchar como la gente se reunía detrás de ella. Empezaba otro día ocupado, y otra vez le enseñaría a Israel sobre los caminos del Señor. Les faltaba un largo camino antes de que pudieran demostrar la obediencia que Dios merecía dentro de su nación. Siempre había algún rebelde que trataría de jalar a Israel hacia los sacrificios paganos y a la idolatría, tal y como sucedió en la época de Moisés; pero mientras la gente entendía más sobre Dios, era menos probable que siguieran a estos rebeldes con sus mentiras.

¿Qué podía ofrecer un dios de piedra o de madera, hecho con sus propias manos comparado con el amor del Dios de Israel?

Débora se dio cuenta que necesitaba narrar nuevamente las leyes que Dios le dio a Moisés, para compartir con su gente estos eventos increíbles que habían sucedido en otro monte, el monte Sinaí.

—Dios llamó a Moisés a esta montaña y le dijo: "Ahora, pues, si dan oído a mi voz, y guardan mi pacto, ustedes serán mi especial tesoro, sobre todo los pueblos; porque mía es toda la tierra; y ustedes me serán un reino de sacerdotes, y gente santa". Ahí hablaron de las expectativas de Dios para su pueblo y después Dios le dio a Moisés dos tablas del testimonio, tablas de piedra escritas con el dedo de Dios y los mandamientos que su pueblo debía seguir. Finalmente, cuando él regresó al campamento, vio que el pueblo adoraba un becerro de oro y le danzaban. Entonces ardió la ira de Moisés, y arrojó las tablas de sus manos, y las quebró al pie del monte.

—Finalmente, la gente se arrepintió de su gran pecado de idolatría, así que el Señor volvió a llamar a Moisés a la montaña y le dijo:

"Alísate dos tablas de piedra como las primeras. Y él estuvo allí con Dios cuarenta días y cuarenta noches; y escribió en las tablas las palabras del pacto, los diez mandamientos. Él sería su Dios y los israelitas serían su pueblo. A pesar de que Dios nunca olvidó su pacto, Israel constantemente se alejó de las promesas que le hicieron a Él.

Débora le recordaba a su gente el porqué Dios quería que se siguieran sus mandamientos:

—Escuchen las palabras que Dios habló –les dijo Débora–: "Ejecuten, pues mis estatutos y guarden mis ordenanzas, y póngalos por obra y habitarán en la tierra seguros. Y la tierra dará su fruto, y comerán hasta saciarse, y habitarán en ella con seguridad". También Dios dijo: "Y pondré mi morada en medio de ustedes, y mi alma no los abominará. Y andaré entre ustedes, y yo seré su Dios, y ustedes serán mi pueblo. Yo, el Señor su Dios, que los saqué de la tierra de Egipto, para que no fueran sus siervos, y rompí las coyundas de su yugo, y los he hecho andar con el rostro en alto".

Débora los animó diciendo:

—Ahora, empecemos otra vez a caminar en obediencia a Dios para que nunca vuelva Israel a caer en manos del enemigo. De esta nación llegará el Mesías, el Hijo de Dios, quién caminará junto a nosotros y será el Cordero de Dios quién salvará a Su pueblo de sus pecados.

Todo Israel estuvo todo el día con Débora, cantando un cántico de alabanza a Dios. Durante cuarenta años Débora fue jueza de Israel, y Barac continuó guiando el ejército de Israel.

Rut

La mujer que amó

POR
KJERSTI HOFF BAEZ

Capítulo 1

La joven mujer abrazaba con ternura a su bebé mientras éste dormía cerca de su corazón. Estaba parada al filo de la pradera llena de flores y feliz suspiró.

—¡Rut! –le llamó una mujer–. Dame al bebé. Debería estar adentro durmiendo y no aquí afuera como un miserable nómada.

Noemí le quitó el bebé de los brazos a Rut y sonrió.

—¡Además, mira el cielo! Seguramente va a llover.

La joven mujer alzó su vista hacia el cielo y vio como las nubes chocaban una con otra preparándose para una tormenta. Noemí se apresuró hacia la casa, pero Rut se quedó. La brisa cada vez se hacía más fuerte, y las flores silvestres se doblaban ante la inminente tormenta. Mientras caminaba despacio bajo un cielo oscuro, las primeras gotas de lluvia cayeron sobre su rostro; y con su toque, Rut recordó otro día, otra tormenta, y otro lugar…

Rut levantó su cara hacia el cielo y dejó que la lluvia se confundiera con sus lágrimas. Se sentía perdida, y su corazón latía comprendiendo que jamás volvería a ver a su joven esposo. Mahlón había muerto.

—Vayamos a casa, Rut –la voz de Noemí sonaba cansada y triste, mientras se alejaba de la tumba.

Un pequeño grupo de mujeres vestidas de negro siguieron a Noemí como una nube oscura. Sus llantos llenaban el aire con dolor.

Rut se detuvo un momento, fijando su vista en el lugar en donde su esposo estaba enterrado.

—Casa –se dijo a sí misma.

La palabra que antes había llenado de felicidad a Rut, ahora la apuñalaba con dolor. Siguió a Noemí por el camino que la llevaba a su casa. Las nubes de la tormenta oscurecieron como sintiendo pena por la joven viuda y la lluvia cayó más fuerte sobre las colinas de Moab.

La cuñada de Rut, Orfa, alcanzó a Noemí y a Rut en la puerta de su casa. Su cara la cubría un velo negro y sus ojos se veían preocupados.

—Se trata de Quelión. Su fiebre ha empeorado –su voz temblaba con miedo–. Igual que Mahlón. Ya no me reconoce y...

Noemí corrió hacia la habitación de Quelión. Se movía de un lado a otro sobre su lecho, y se quejaba del dolor. Noemí se arrodilló junto a él y le tomó la mano.

—Quelión –le dijo desesperada–. Trata de estar quieto. Todo va a salir bien.

El hijo de Noemí la vio por un momento. Fijó su vista en ella y tembló con la fiebre. Ella tomó su cara para que la reconociera, pero esto no sucedió. Él no sabía quién era. Noemí se levantó y suspiró.

—Morirá mañana –dijo silenciosamente–. El Todopoderoso se ha alejado de mí.

Después rasgó su ropa de luto.

—Usaré ropa de silicio el resto de mi vida.

Al día siguiente Quelión murió. Los hombres de la aldea vinieron y lo enterraron en la tumba de su hermano. Los vecinos de Noemí se acercaron a ellos y movieron sus cabezas consternados.

—Seguramente los dioses están enojados contigo –dijo la voz de una anciana conocida como La Anciana–. Tal vez deberías ofrecerle un sacrificio a Quemos –le dijo a Noemí.

Noemí le contestó:

—Quédate con tus dioses. El Todopoderoso es el que me ha abandonado.

—Pues, yo no he visto que tu Dios haya hecho nada bueno por ti –le dijo la mujer, con su cara toda cubierta de arrugas–. Después de todo, primero se muere tu esposo y ahora tus dos hijos también están muertos. De mucho te ha servido el poder de Jehová.

Noemí temblaba por la ira, pero Rut y Orfa suavemente la alejaron de la multitud. Se fueron juntas a su casa. Orfa abrió una puerta de madera y entró con Noemí. Una lámpara de aceite brillaba sobre el anaquel, creando siluetas en el cuarto oscuro. Rut se quedó parada en la puerta de la entrada, abrumada por el vacío que se sentía en lo que una vez había sido su casa.

Rut salió corriendo de su casa tropezándose en el borde de una colina, en donde vio las praderas de Moab. El sol se metía dejando rastros esplendorosos en rojo y naranja. Una suave brisa caía sobre la montaña y Rut veía hacia el oeste. Detrás de esas colinas se encontraba la tierra natal de Mahlón. Rut se ajustó su ropa de silicio, pues temblaba del frío.

Tenía que haber algo más en la vida que sólo ropa de silicio y tristeza. Rut vio hacia el horizonte buscando refugio, un lugar para esconderse. Sentía algo en su corazón, y por un momento pensó que había escuchado que alguien la llamaba por su nombre. Asustada, volteó, pero sólo alcanzó a ver un águila que se dirigía a su nido en las montañas.

Varias semanas después, Noemí llamó a sus nueras y les dijo el plan que tenía para ellas.

—Labán el mercader me dice que ha oído decir que Jehová ha visitado a su pueblo, dándoles pan.

—¿Cuándo nos iremos? –preguntó Orfa.

—En tres días Labán y otros irán a Judá. Viajaremos con ellos.

Noemí vio con tristeza a Rut y a Orfa.

—Yo sé que será difícil dejar su patria. ¿Pero qué otra cosa podemos hacer? Vayan y despídanse de sus madres.

Vio como Rut y Orfa cerraron la puerta y se alejaron. La lámpara de aceite brillaba como siempre.

—Tal vez –se dijo–, creo que nunca debí salir de Judá.

Capítulo 2

—¡Eres una tonta! –le gritaba la madre de Rut–. No puedes irte de Moab con esa mujer. ¡Ella es hebrea! Los hebreos nos odian y el sentimiento es mutuo. Serás miserable.

—Ella es la madre de mi esposo.

—Tú esposo está muerto.

Rut no dijo nada, pero las lágrimas en sus ojos hablaban por ella. El tono de su madre se suavizó.

—Escucha –murmuró.

Sus ojos recorrieron el cuarto como si alguien estuviera escuchando.

—Tal vez La Anciana tenga razón. Tal vez hiciste que Quemos se enojara –caminó hacia la esquina del cuarto y recogió una jaula de madera y la puso en las manos de Rut.

—Esto es para ti –le dijo–. Llévatela a un lugar alto fuera de la aldea cerca del viejo árbol de almendras. Ofrécelo a Quemos y ruega por su misericordia.

Rut contempló la jaula en la que había una paloma café.

—Te haría bien si también le ruegas a Baal.

El miedo y el vínculo en la voz de su madre penetraron el corazón de Rut como dedos helados. Sintió que su madre la abrazó y le susurró en el oído: Ve ahora. Ofrécelo a los dioses. Apúrate.

Rut salió corriendo y casi volando llegó a la parte alta. Había otros adoradores antes que ella y la pila de piedras que servían como altar ardían con la sangre y el fuego mientras ofrecían sus sacrificios al poderoso Quemos. El sonido familiar de los cánticos y los lamentos llenaron los oídos de Rut haciendo que se estremeciera. El sonido de los cánticos se hicieron más fuertes y le indicaron a Rut que se uniera a ellos para que hiciera su ofrenda. De repente alguien gritó, era La Anciana.

—¡Ven! –le gritó a Rut–. ¡Ven al altar!

Rut casi se desmaya del miedo que sentía. Cuando se dio cuenta, se alejaba corriendo del lugar alto, apretando la jaula contra su pecho. Se detuvo al filo de un campo de trigo. Suavemente sacó al pájaro de la jaula y lo detuvo en sus manos por un momento. Después alzó sus manos hacia el cielo y lo dejó ir. La paloma voló y Rut veía como se escapaba.

—¡Ojalá y yo pudiera irme contigo, pequeño pájaro! –dijo la joven viuda.

Después regresó a su aldea. Sus ojos tristes no veían las flores en el campo ni escuchaba la risa de un niño que corría en los campos cercanos.

Dos días después, Noemí colocaba la última canasta sobre un burro que le pertenecía a Labán.

—¡Ese burro es muy afortunado de que seamos pobres! –exclamó Noemí mientras veía las pocas canastas que había sobre el animal–. ¡Sólo tiene que llevar una carga ligera!

Les sonrió a sus nueras y suspiró.

—¡Si tan sólo mis penas fueran tan ligeras!

—¡Nos vamos! –dijo Labán.

A su señal un grupo de personas y burros iniciaron su viaje.

—¡Tiene que gritar ese hombre! –murmuró Noemí

Les dijo a Rut y a Orfa, mientras se ponían detrás del pequeño grupo de viajeros.

—Que el Dios de Israel nos proteja en el camino con su misericordia.

Orfa veía como los rayos del sol hacían que los campos brillaran con el rocío de la mañana. Noemí la vio por unos segundos. Rut veía hacia adelante, su mente todavía estaba adormecida por el sufrimiento, y seguía escuchando los gritos de La Anciana.

No habían viajado mucho cuando Noemí se detuvo en el camino y empezó a llorar.

—No puedo hacer esto –lloró–. No lo puedo hacer.

Rut y Orfa se acercaron a su suegra y le tomaron la mano.

—¿Qué te pasa madre? –le preguntó Orfa–. ¿Porqué estás llorando?

Noemí movió su cabeza hacia los lados.

—No tiene caso –sollozó–. No les puedo hacer esto –apuntó hacia su aldea.

—Regresen. Regresen a donde pertenecen.

—¿Qué estás diciendo madre? –la voz de Rut temblaba.

—Anden, vuelva cada una a la casa de su madre; Jehová haga con ustedes misericordia, como la ha hecho con los muertos y conmigo.

—No, madre, no –las dos viudas jóvenes lloraron–. Estaremos contigo.

Noemí movió su cabeza y vio con tristeza sus jóvenes rostros.

—¿Qué les puedo ofrecer yo? –preguntó–. Vuelvan, hijas mías; ¿para qué han de ir conmigo? ¿Tengo yo más hijos en el vientre, que puedan ser sus maridos? Y aunque dijera: Esperanza tengo, y esta noche estuviera con marido, y aun diera a luz hijos, ¿Habrían ustedes de esperarlos hasta que fueran grandes? Les conceda Jehová que hallen descanso, cada una en casa de su marido.

Ellas lloraban mientras Noemí les rogaba que regresaran a sus casas, finalmente Orfa vio su aldea que había dejado atrás. Besó a Noemí y a Rut, bajó su canasta del burro y se regresó a su aldea. Noemí cubrió su cara con sus manos y empezó a llorar.

—No hijas mías; que mayor amargura tengo yo que ustedes, pues la mano de Jehová pesa contra mí.

Esperando verse sola, se sorprendió al ver que Rut seguía parada junto a ella.

—¿Qué estás haciendo, Rut? –le preguntó–. He aquí tu cuñada se ha vuelto a su pueblo y a sus dioses; vuélvete tú tras ella.

Rut abrazó a su suegra.

—Por favor no me ruegues que te deje, y me aparte de ti; porque adondequiera que tú vayas, iré yo, y dondequiera que vivas, viviré. Tu pueblo será mi pueblo, y tú Dios mi Dios. Donde tú mueras, moriré yo, y allí seré sepultada; así me haga Jehová, y aún me añada, que sólo la muerte hará separación entre nosotras dos.

Y viendo Noemí que estaba tan resuelta a ir con ella, no dijo más. Juntas caminaron para alcanzar a los otros viajeros.

Capítulo 3

—¿Ya decidieron lo que van a hacer? –les gritó Labán a Rut y a Noemí mientras alcanzaron la caravana–. ¡Tienen que mantenerse junto al grupo o las dejaremos!

Noemí miró fijamente al mercante.

—Sí, podemos mantener el paso. No te metas en nuestros asuntos.

Labán caminó hacia las dos mujeres, salían chispas de sus ojos.

—Este es mi negocio. Nunca he perdido a un hombre o a un animal en el camino, y no pienso empezar a perder a nadie.

Acercó su cara sudada a Rut y Noemí y les dijo:

—Saben, hay bandidos y animales salvajes en el desierto. Si se quedan atrás, no podemos saber que les pueda suceder.

Se les quedó viendo para ver si las mujeres se habían asustado con lo que les dijo. Noemí no hizo ningún comentario.

—Además –continuó–. Tengo una reputación que me precede desde Edóm hasta Judá.

Noemí se le quedó viendo a su gordo estómago.

—No sólo eso te precede –murmuró Noemí.

—No digan que no les advertí –les gritó Labán mientras se dirigía al frente de la caravana.

Rut le preguntó a Noemí algo temerosa:

—¿Crees que lleguemos a salvo a Judá?

—No te preocupes –Noemí le dio un golpecito a la mano de Rut–. Estaremos bien. No escuches lo que dice Labán. Sólo quiere asustarnos. Además –suspiró mientras se ajustaba su velo negro sobre su cabeza–, ¿qué más nos podría suceder?

Rut no dijo nada, y caminaron juntas en silencio. El cielo azul brillaba sobre la pequeña caravana esa mañana. La joven viuda respiraba el aire frío y dejó que sus pensamientos vagaran sobre los últimos días. Recordó como Mahlón le sonreía y se reía de su cabellera castaña.

—¿De donde sacaste esa cabellera? –le preguntaba–. Deberías tener el cabello negro como todos los demás. Seguramente eres un ángel.

Al recordar esto, Rut se enrojecía, y las lágrimas llenaban sus ojos. Escondió sus lágrimas de Noemí y siguió caminando.

Debo de ser fuerte, pensó. *Debo ser fuerte para Noemí.*

Volteó a ver a su suegra. Noemí caminaba con trabajo, se veía desesperada.

Rut estiró sus hombros y trató de no sentirse tan pequeña debajo del enorme cielo. Alcanzó a ver el desierto hacia el este del altiplano en el que viajaban. Los rebaños de ovejas cubrían las colinas como si estuvieran cubiertas de algodón y en ocasiones se escuchaba la música de la flauta del pastor.

—Fíjate bien –el pensamiento en la mente de Rut se interrumpió–. Estás dejando todo lo que siempre has conocido. Tu hogar, todo. Regresa ahora, todavía lo puedes hacer.

Pero una hilera de humo negro se asomó por uno de los lugares altos, y Rut sabía que nunca regresaría.

El frío de la mañana desapareció rápidamente, y el sol de la tarde calentó las caras de los viajeros. Rut se estaba cansando, y el brillo del sol amenazaba con adormecerla.

La monotonía del viaje hacia que se sintiera más cansada y se preguntaba cuando se detendrían a descansar. De repente los burros se detuvieron.

—¡Y ahora que sucede! –gritó Labán y jaló al burro guía sin éxito–. Al paso que vamos, no llegaremos a Dibón antes de que caiga la noche.

—¿Qué es lo que vamos a hacer? –preguntó alguien del grupo.

Todos empezaron a hablar al mismo tiempo hasta que Labán gritó para que guardaran silencio.

—Algo está mal –susurró–. Lo puedo sentir.

Cuando todos se callaron, sintieron que se quedaban congelados. De repente, algo pasó corriendo frente a los burros. Era un pequeño venado. Todos respiraron aliviados.

—¿Tus burros le tienen miedo a eso? –alguien dijo riéndose.

De repente dejaron de reír. Con un gran rugido, un enorme león corrió a través del camino furiosamente. No prestó atención a los de la caravana, pero persiguió al asustado venado.

Rut vio al cazador y a su presa desaparecer. El león volvió a rugir y en el silencio que siguió, Rut sabía que el pequeño venado había perdido su vida.

—¡Eso estuvo cerca! –dijo Labán–. ¡Qué suerte que el león no cambió de menú a la mitad de su comida! –se rió y se quitó la tierra de sus sandalias.

—Qué chistoso –alguien musitó.

Labán dijo:

—Un león lleno es un león contento. Vayámonos de aquí. Pararemos en Dibón por la noche. Ya no falta mucho.

Llegaron a Dibón justo cuando el sol se metía detrás de las colinas al oeste. Labán llevó a Rut y a Noemí a la casa de un compañero.

—Tendrán que dormir en el techo –les dijo Labán–. Pero creo que es mejor que dormir en el suelo, ¿no lo creen?

Las dos mujeres agradecidas subieron a lo que parecía el techo de la casa del mercader.

—Nos iremos a primera hora por la mañana –les dijo Labán–. Estén al norte de la ciudad al amanecer.

—¿Por qué no se lo gritas a todos los vecinos? –le dijo Noemí desde el techo.

—Está bien, está bien –Labán bajó su voz–. Sólo estén ahí a tiempo... Miserable camello viejo –dijo entre los dientes.

Noemí pensó:

Mula necia.

Noemí encontró dos tapetes en una canasta en la esquina del techo, y le dio uno a Rut. Los desenrollaron y se acostaron bajo las estrellas.

Desde el techo Rut veía el pueblo de Dibón. Las casas pintadas de blanco se veían amontonadas, y bajo la luz de la luna, parecían como un rebaño de borregos todos apilados. La emoción de estar en un lugar nuevo, la mantuvo despierta.

—Platícame sobre tu esposo, Noemí –le preguntó Rut– ¿Cómo era él?

Noemí suspiró y cerró sus ojos.

—Hija, ¿no estás cansada?

—No, en realidad no. ¿Cómo era Elimelec?

—Era un buen hombre –le dijo Noemí–. Pero siempre se preocupaba de todo. Era un buen agricultor, pero cuando hubo hambre en la tierra, se aterró. Y por eso nos fuimos de Belén para irnos a Moab.

Noemí se sentó.

—No teníamos mucho tiempo ahí cuando murió –vio a Rut–. Si él aún viviera, jamás hubiera permitido a sus hijos que se casaran con mujeres moabitas. Nuestras leyes los prohiben. Tus dioses son una abominación para el Dios de Israel.

Noemí se recostó en su tapete.

—Ahora no importa. Realmente, nada importa ahora.

Rut no dijo nada y finalmente se recostó en su tapete. Las estrellas la saludaron en silencio, como guardias iluminando la noche.

"Está prohibido". Esas palabras preocuparon a Rut, y trataba de olvidarlas mientras dormía. Pero la siguieron hasta sus sueños. Rut soñó que la perseguía Elimelec. Elimelec se convertía en león y de repente Rut era el venado, corriendo por su vida. Después La Anciana saltaba detrás de un árbol.

—Ven al altar –le gritaba.

Rut trató de escaparse, y un águila voló cerca de ella. Se esforzó para poder seguir al águila.

Si tan sólo pudiera llegar al nido, estaría a salvo, pensó. *Estaría a salvo.*

Se despertó jadeando. El león, el águila, y La Anciana desaparecieron. Noemí dormía tranquilamente junto a ella y las estrellas seguían cuidando la noche. Para Rut, dormir no sería un descanso.

Capítulo 4

Antes del amanecer, Noemí y Rut caminaban hacia el norte de Dibón. Temprano por la mañana Labán se quejaba y refunfuñaba sobre los animales, ajustando las canastas y acomodaba con mucho cuidado las botellas de vino. Al ver a las mujeres que se acercaban, las saludó.

—Una hermosa mañana para viajar, ¿no es así? –les dijo, señalando el cielo claro–. Que los dioses Quemos y Astarté nos cuiden durante el viaje.

Noemí alzó sus ojos y tomó su lugar al final de la caravana.

—Creí que Labán era hebreo –le dijo Rut a Noemí–. Lo es –respondió Noemí–. Pero su fe depende del lugar en donde se encuentre. En Moab, le pide ayuda a Quemos. En Judá, le ora al Dios de Abraham. Me imagino que si viviera en el río Jordán, le pediría a los peces.

Labán les gritó a sus burros y así empezó el día dos de su viaje. Rut estaba cansada y la pesadilla que tuvo la noche anterior, la preocupó. Se preguntaba si el Dios de Abraham la aceptaría, ahora que había aceptado el Dios de Noemí como el suyo.

Labán se reunió con las dos mujeres y les dijo el plan para ese día.

—Si todo va bien, dormiremos en la sombra de la gran montaña de Dios. El viaje es de un día a Nebo desde aquí –alzó sus brazos y dijo–. Que el Dios de Moisés nos proteja.

Noemí vio a Rut y ambas sonrieron.

—Un hombre de mucha fe –le dijo Noemí a Labán reverentemente.

Labán se sonrojó y caminó despacio hacia el frente de la caravana.

—El monte Nebo –Noemí explicó a Rut–, es la montaña a la que Moisés subió para ver la tierra que Dios prometió a los hijos de Israel. Él fue un gran profeta de Dios. Me imagino que Mahlón te contó la historia.

Rut lo negó con su cabeza. Mahlón nunca compartió su fe con

ella; cuando ella le hacía preguntas, él cambiaba el tema. Ahora se daba cuenta que él se había sentido culpable por haberse casado con ella.

—El Señor usó a Moisés para que sacara a nuestra gente de Egipto hacia la libertad. Moisés habló cara a cara con Dios.

Rut no podía creer lo que escuchaba.

—¿Quieres decir, que habló con Dios? ¿Cómo tú y yo lo estamos haciendo?

—Sí –le dijo Noemí, se le quedó viendo a su nuera–. Nuestro Dios no es una imagen de piedra como los dioses de tu gente. Él es un Dios viviente.

Ella suspiró y señaló su ropa.

—La mano de Jehová pesa contra mí. Él ya me ha olvidado.

Rut abrazó a su suegra y trato de consolarla. Pero sus pensamientos estaban con Moisés, el hombre que había hablado con Dios. ¿Podría suceder una cosa así? ¿Podían los hombres hablar con Dios? ¿Amaba a su pueblo? El corazón de Rut latía con la posibilidad de que todo esto fuera cierto.

—¿Realmente habló con Dios?

—Por supuesto que sí. Está escrito que Dios habló con Moisés como un hombre hablaría con un amigo. Por favor no me molestes con más preguntas. Me estás cansando con esta plática.

Por este motivo, Noemí empezó a caminar un poco más rápido y dejó a Rut caminando sola, con sus propios pensamientos. En lo alto, una caravana de nubes atravesó el cielo como plumas blancas. Como imitando a la caravana que viajaba lentamente en la tierra.

Ocultas a la vista, detrás de las colinas occidentales, estaba el Mar Salado, y más allá de las montañas al este, estaba el desierto. Labán, con mucha habilidad, dirigía a los burros por un camino angosto que llegaba al monte Nebo. Por la tarde, la montaña apareció y Labán detuvo la caravana.

—Descansen un momento –les dijo Labán a los muy agotados viajeros–. Llegaremos a Nebo por la noche.

Rut y Noemí se sentaron junto al camino. Noemí le dio a Rut un trozo de pan y queso y se refrescaron con el agua que traían en el morral. El sol de la tarde le prestó a las montañas su oro, transformándolas con un brillo magnífico. El monte Nebo se paraba erguido como un rey en la distancia. Rut volteó para hacerle otra pregunta a Noemí sobre Moisés, pero su suegra cerró los ojos para descansar.

El grito familiar de Labán hizo que todos se levantaran e iniciaran su viaje, y varias horas después llegaron al pie del monte Nebo. Acamparon junto al albergue de una barranca, uno de los sirvientes de Labán encendió una fogata en medio del campamento. Todos se juntaron alrededor de la fogata y cenaron. Rut y Noemí en silencio disfrutaron sus higos secos y pasas con pan. La luz de la fogata iluminaba las caras bronceadas de los viajeros.

Labán empezó a decir:

—Yo he estado en la punta más alta de esta montaña. He visto lo que Moisés vio cuando el Todopoderoso le enseñó la tierra prometida. Se inclinó hacia delante, su cara se iluminaba con la luz del fuego y sus oscuros ojos brillaban con emoción.

—Cuando yo era joven –empezó a decir–, por cierto no hace mucho de eso, yo vine a …

Su plática se interrumpió por un grito. Un escorpión negro salió por debajo de una piedra junto a la fogata. Antes de que nadie se pudiera mover, Labán tomó su látigo y con un golpe, lo mató instantáneamente.

Los asustados viajeros veían a Labán con admiración. Hasta Noemí tuvo que admitir que había sido una exhibición espectacular de su destreza.

—Sólo salen por la noche –les explicó, guardando su látigo–. Bien, ¿en dónde me quedé? Ah, sí, cuando yo era joven escalé la montaña Nebo. Llegué hasta el punto más alta de la colina, a la punta de Pisga. Fue una larga y penosa subida –dijo dramáticamente–. Pero yo era fuerte como un buey.

—¿Y qué es lo que viste? –preguntó impaciente uno de los sirvientes.

Rut se inclinó hacia adelante con anticipación.

—¿Qué es lo que vi? –Labán repitió–. ¿Qué es lo que crees que vi?

—Por favor continúa –le dijo Noemí–. Apresúrate para poder irnos a dormir.

Labán le gruñó a Noemí y continuó contando su historia.

—Dios es mi testigo, contemplé lo que Moisés vio. La tierra de Canaán se extendía como un oasis santo. Vi el verde brillante del Mar Salado y la niebla de la montaña en el Neguev en donde los borregos de Abraham pastaban. Vi el Mar de Cineret y la ciudad de Jericó. Mis ojos brillaron al ver las montañas de Judea. Lo vi todo.

Las palabras de Labán bailaban en el aire de la noche arrastrando a Rut hasta la punta de la montaña. Se sentía como si sus ojos hubieran visto lo que Laban vio, lo que el gran profeta contempló cuando el Señor le dijo que subiera y viera la tierra prometida. Se quedó dormida con las palabras de Labán sonando en sus oídos.

Capítulo 5

Por la mañana, la caravana dejó el albergue de la gran montaña y se dirigieron hacia las praderas de Moab. Se alegraron al ver el brillante verde de las praderas húmedas. Al llegar al valle del río Jordán, Labán le indicó al grupo que se detuviera para descansar.

—Esta noche acamparemos aquí, y por la mañana cruzaremos el río –Labán señaló la tierra que estaba más allá del río–. La tierra prometida –dijo con orgullo–. Que el Dios de Israel bendiga nuestro viaje a Su tierra.

Al final de la caravana, Rut se reía y volteó a ver a Noemí.

—Tenías razón –sonrió–. ¡La fe de Labán cambia con el aire!

—Sí –le contestó Noemí–. Y eso, no es tener fe.

Terminaron de instalarse por la tarde y mientras Noemí descansaba, Rut decidió explorar el campo.

—No te alejes –le dijo Labán.

Desde la punta de una pequeña colina, Rut observó el sur del río Jordán. Al ver el valle del río de un color verde esmeralda, fue como una bienvenida a los ojos cansados del camino polvoroso. Los altos árboles embellecían las orillas del río, sus hojas brillaban como piedras preciosas bajo el sol.

Rut escuchó el triste sonido de una flauta que venía de una colina cercana. Un rebaño de ovejas apareció sobre una de las colinas. Inesperadamente, apareció el pastor buscando a su extraviado rebaño. Se le quedó viendo a Rut y empezó a caminar hacia donde ella estaba.

Rut se empezó a sentir intranquila; su corazón empezó a latir con fuerza. Volteó hacia atrás esperando ver el campamento, pero ya no lo alcanzó a ver.

La cara del pastor se oscureció cuando reconoció la nacionalidad de Rut.

El pastor se detuvo para verla.

—Basura moabita –dijo disgustado.

Dio un manotazo y se agachó para tomar una piedra.

—¿Por qué no te regresas por donde viniste?

Rut se quedó helada.

—Le haré un favor al Todopoderoso si te mato –recogió una piedra.

Rut trató de gritar, pero no le salió ningún sonido.

—Y le haría un favor al mundo si me deshiciera de ti.

El chasquido del látigo hizo que Rut respirara con alivio. Era Labán. El pastor dejó caer la piedra y le hizo una mueca al fornido mercante.

—No te tengo miedo –le dijo el pastor.

—Eso es porque eres un tonto.

Y con su látigo, Labán le pegó a la piedra quitándosela de la mano con precisión.

Rut sintió que se le doblaban las rodillas y se desmayó. Labán la alcanzó antes de que cayera. Cuando volvió en sí, Labán le ofrecía agua.

—Ya se fue, no pasa nada –le dijo Labán amablemente.

Rut se sentó, aún temblando de miedo.

—¿Por qué? –murmuró–. ¿Por qué trató de…?

—Era hebreo, seguramente es hijo de Gad. Ellos se establecieron en esta área después del gran Éxodo –Labán se sentó junto a Rut–. Antes de que los israelitas cruzaran el Jordán hacia la tierra prometida, acamparon aquí, en las praderas de Moab. Y algunas mujeres moabitas engañaron a algunos de sus soldados y líderes haciéndolos adorar a sus dioses. Esto trajo muerte dentro del campamento.

Rut suspiró y vio hacia la pradera. Se preguntaba como sería la vida en la tierra prometida para una mujer moabita.

Parecía como si Labán le estuviera leyendo el pensamiento. Vio a la joven viuda y suavemente le dijo:

—No va a ser fácil para ti vivir en Judá. Ya te diste cuenta como reaccionó ese tonto pastor.

Rut tembló al imaginarse que hubiera sucedido si Labán no hubiera llegado a tiempo para ayudarla.

—Gracias por su ayuda –le dijo–. Probablemente me salvó la vida.

Labán se rió.

—Olvídalo. Tal vez alguien te está cuidando.

Se levantó y ayudó a Rut ponerse de pié.

—Será mejor que regresemos al campamento.

La sombra de Rut se veía pequeña al lado de Labán y ella se preocupó sobre la advertencia que le hizo el mercader.

Noemí estaba parada al filo del campamento y saludo a Labán y regañó a Rut.

—¿En dónde estabas? ¡Me imagino que estabas explorando el campo, tratando de perderte! Se detuvo cuando vio la cara pálida de Rut.

—¿Qué sucedió?

—Casi logra que la maten, eso es lo que sucedió –dijo Labán–. Será mejor que la vigiles, Noemí.

Noemí se le quedó viendo a Labán y tomó la mano de Rut.

—Es hora de que descanses, hija.

Después de comer, Noemí le insistió a Rut que le contara que le había sucedido. Renuentemente, Rut le platicó a su suegra lo que había sucedido con el pastor y Noemí quedó aterrorizada.

—Pero Labán apareció de la nada y ahuyentó al hombre –dijo Rut apresuradamente–, así que ahora todo está bien.

Noemí movió su cabeza.

—No trates de protegerme Rut. Tú sabes que no todo está bien.

Noemí vio hacia el sur de Moab.

—Debiste escucharme y quedarte con tu propia gente. Ahí estarías segura.

—¿Lo estaría? –dijo Rut. Recordó su casa vacía, la tumba de Mahlón y los gritos de La Anciana.

Noemí empezó a llorar.

—Esto nunca hubiera sucedido si te hubieras quedado con tu familia.

Rut la abrazó.

—Tú eres mi familia –le dijo Rut–. ¡Eso es lo que cuenta! –enderezó sus hombros y levantó su cabeza con una mirada determinante en su cara.

—Hice una promesa y nada me va a detener para que la cumpla.

Noemí miró con detenimiento a Rut y movió su cabeza.

—¡Cuándo pones esa mirada, nadie puede discutir contigo! Trata de dormir, mañana cruzaremos el río.

Debajo del cielo negro, la pequeña caravana descansaba. La fogata del campamento brillaba en la oscuridad. Rut trató de dormir, pero los sucesos del día no la dejaron.

—Hola, viejas amigas –les dijo Rut a las estrellas, algunas brillaron y ella sonrió–. ¿Tú sabes algo que yo no? –le preguntó al cielo.

No hubo respuesta, Rut se volteó. Recordó la cara enfurecida del pastor y se volvió a asustar, pero las palabras de Labán hicieron que sus temores se le olvidaran: “Tal vez alguien te está cuidando”.

Esas palabras hicieron que las penas de Rut desaparecieran y por un momento una pequeña chispa de fe llenó el corazón de la joven viuda.

Capítulo 6

—¡Con cuidado, no te vayas a caer! –le dijo Labán a Noemí, mientras se montaba al burro.

—¡No te metas! –le gritó Noemí a Labán.

—Éste es mi …

—Lo sé, lo sé –contestó Noemí–, éste es tu negocio.

Rut detenía el animal mientras Noemí se subía.

—No es la primera vez que me subo a un burro –musitó–. ¡No siempre he sido pobre! Elimelec tenía varios burros cuando nos fuimos de Belén. Pero ahora todo ha cambiado. Ya no tengo nada –sus ojos se llenaron de lágrimas–. Si tan sólo mis hijos estuvieran regresando conmigo a nuestro hogar.

Rut se quedó en silencio parada junto al burro, evitando llorar. Abrazó a su suegra para consolarla; Noemí le sonrió agradecida.

—¡Querida Rut! –suspiró Noemí–, ¡por lo menos te tengo a ti!

El río Jordán brillaba con el sol de la mañana. Una brisa suave soplaba entre las ramas, y de repente, sucedió otra vez. Rut oyó que alguien la llamaba. Un sentimiento raro la embargó, un sentimiento que nunca antes había sentido. Rut vio hacia las hojas, y recordó, fue el día cuando murió Quelión. Recordó haber escalado el monte, llorando cuando murió Mahlón.

Y había un águila, pensó. *Recuerdo que vi un águila.*

El grito de Labán interrumpió los pensamientos de Rut.

—¡Prepárense para cruzar el río Jordán!

Los burros empezaron a trotar y Rut caminaba junto a Noemí. Su corazón empezó a latir dándose cuenta que según cruzaba el río, estaba cruzando hacia una nueva vida. Moab se quedaba atrás para siempre.

El agua le llegaba casi a la cintura por lo que Rut se empapó cruzando el Jordán. El olor a sal en el aire la hizo contemplar el sur del Mar Salado. La piedra arenosa del acantilado se hundía sobre la orilla del mar.

—Saben, el mar está muerto –les dijo Labán–. ¡No hay nada de vida en él! Es muy salado.

Noemí vio hacia el Mar Salado.

—Mi corazón se siente así. Muy amargado por las penas.

Mientras el grupo llegaba al otro lado del río, Labán inspeccionó la caravana.

—¡Estamos todos aquí! –dijo con satisfacción–. Con la bendición del Todopoderoso, viajaremos diez millas el día de hoy.

Rut exprimió el agua de su ropa lo mejor que pudo. Noemí se bajó del burro y sacudió su cabeza en desaprobación.

—¡Te dije que te subieras al burro! –la regañó–. ¡Ahora mira cómo estás!

—No me importa –le sonrió Rut–. Así me mantendré fresca.

—Rut, a veces no te entiendo…

Labán interrumpió a Noemí con su ruidosa voz.

—¿Ven ese monte junto a las palmeras? Esa era la ciudad de Jericó. La ciudad de las palmeras –dijo dramáticamente.

—¿Por supuesto conoce la historia de Josué y Jericó, verdad? –Labán le preguntó a Rut.

Rut dijo que no y Labán suspiró.

—Bien, me imagino que te la tendré que decir, Josué fue…

—¡Ah, no! –protestó Noemí–. Ya es hora que sigamos. Olvida la lección de historia. Además, –dijo Noemí–, pagamos por un viaje a Belén, no un viaje guiado sobre la tierra prometida.

Labán dio una patada y su acostumbrado grito a sus burros. Antes de continuar su viaje tenían ante ellos una inexplorada Judea con sus áridas colinas. Hacía mucho calor, por lo que las ropas de Rut se secaron rápidamente.

El camino que tomaron era hacia las colinas, por lo que Rut le pidió a su suegra que montara el burro. Cuando Noemí de mala gana aceptó, Rut tomó las riendas y detuvo al burro. Después de que Noemí montó el burro, tomaron agua para refrescarse. Cuando jalaron al burro para continuar con el viaje, el burro no quiso caminar.

—Oh, no –dijo Rut–. ¡Labán se va a enojar!

Se dio cuenta que la caravana siguió avanzando sin ellas. Rut tiró con fuerza y le rogó al burro que caminara, pero el animal no se movió.

Noemí se bajó del animal, y juntas tiraron del burro sin éxito.

—Olvídalo –dijo Noemí–. Este animal no va a ir a ningún lado. Estoy segura que Labán le enseñó a ser testarudo –suspiró y vio el camino. La caravana había desaparecido.

—Será mejor que alcance a Labán –dijo Rut.

Rut apresuró el paso por el camino; al llegar al final del camino, por poco y se encuentra con alguien.

—¿Ahora qué sucede? –gritó Labán.

Rut se quedó parada como una niña frente a Labán.

—El burro no quiere caminar. Ya intentamos todo, pero…

—¡Les doy la espalda un minuto y las dos desaparecen como si nada!

Labán empezó a caminar y Rut lo siguió, disculpándose todo el camino.

—¿Quién detuvo al burro? –preguntó–. ¡Nadie detiene a los burros, excepto yo! ¿Quién detuvo al burro?

—Pues, fui yo –contestó Rut suavemente–. Estaba tratando de …

—¡Olvídalo! –gritó Labán–. ¿Qué no saben…?

—Ya vamos a empezar otra vez –dijo Noemí.

—¿Qué no saben que es muy peligroso quedarse solas aquí? Hay animales salvajes en las colinas, leopardos y osos, sin olvidar a los de dos piernas.

—Lo siento –dijo Rut–, no volverá a …

—Además, yo soy el responsable de este viaje, y nunca he perdido a ningún hombre o animal en el camino. Y no pienso hacerlo ahora.

—Ya lo sabemos –dijo Noemí–. Ya lo sabemos. ¿Ya nos podemos ir?

Rut ayudó a Noemí a subirse al burro y Labán caminó delante de ellas. Volteó a ver a las mujeres, quienes le sonrieron.

—¡Qué no vuelva a suceder!

Los burros empezaron a caminar y siguieron a su amo por el camino. Alcanzaron a la caravana y continuaron con su viaje. Rut veía las colinas y el cielo de Judea. Alcanzó a ver algunas gacelas de color café pálido que se mezclaban con el color de las colinas. También a algunas cabras.

Mientras observaba estas escenas, Rut trató de imaginar que los ojos de Mahlón habían visto lo mismo cuando viajó a Moab, pero al recordar a su esposo, se volvió a poner triste, con cada paso que daba, se preguntaba Rut si alguna vez la herida desaparecería.

Capítulo 7

La noche pasó rápido en la deshabitada Judea. Rut y Noemí durmieron en una pequeña cueva cerca del campamento. Cuando amaneció, Labán hizo que todos se prepararan para continuar con el viaje.

—Sólo son diez millas a Belén –les dijo–. Espero hacer buen tiempo para llegar al medio día – continúo diciendo–, si todos cooperan.

Volteó a ver a Rut y a Noemí y les dijo:

—Traten de no meterse en problemas.

Rut se apenó. El aire de la mañana estaba fresco. La caravana continuó subiendo hacia el altiplano en donde se localiza Belén. Las colinas rocosas guiaban a la pequeña caravana hacia el desierto.

Algo en el cielo hizo que Rut alzara la vista. Suspendidos en el aire, casi sin moverse en el cielo azul zafiro, varios pájaros negros revoloteaban.

—Buitres –dijo Labán–. Mensajeros de la muerte.

Rut no dejaba de ver a los animales que sobrevolaban.

—Seguramente me están buscando –dijo Noemí–. Desdichadamente para ellos, yo sigo respirando.

Rut vio a su suegra.

—No digas esas cosas, no debes hablar así.

Noemí se encogió de hombros

De repente, los buitres volaron hacia una colina cercana. Rut cerró sus ojos por un momento y se recargó sobre el burro.

—Estoy tan cansada –dijo para sí misma.

—¡Hora de comer! –dijo Labán.

La caravana se detuvo y Labán fue a inspeccionar la parte posterior de la caravana así como a los burros.

—Será mejor que comamos. Tomaremos un corto descanso y continuaremos. Ya no falta mucho.

Noemí se bajó del burro, y las dos mujeres se sentaron y comieron higos secos y queso.

—Esto es lo último –dijo Rut, sosteniendo una pequeña canasta vacía. Le dio a su suegra el último pedazo de queso.

—Necesitarás fuerza para el resto del viaje.

Noemí dudó un instante, pero Rut tenía esa mirada terca, por lo que agradecida acepto el queso. Rut sonrió.

—Una vez que lleguemos a Belén, conseguiremos más comida.

Noemí se veía preocupada.

—No estoy segura de eso –dijo pensativamente.

El calor del medio día envolvió a la pequeña caravana mientras se dirigían hacia el desierto. Finalmente los viajeros dejaron atrás la desolación del desierto. Los verdes montes del centro de Judá los emocionó, y un viento frío les llegaba desde el altiplano.

—¡Ya casi llegamos! –les dijo Labán.

El corazón de Rut empezó a latir con fuerza.

Mi nuevo hogar, pensó.

—Está más allá de esa colina –dijo Labán.

—Está bien, está bien, porqué no lo anuncias a todo el mundo –le dijo Noemí.

Empezó a temblar mientras subían por la colina.

—Elimelec, Elimelec –susurró–. He regresado con las manos vacías.

El camino se amplió mientras llegaban a la punta de la colina. Más allá de los campos maduros de granos estaba la aldea de Belén.

—¡Ahí está! –gritó Labán–. ¡Ahí está!

Las casas de ladrillo color arena posaban una al lado de la otra en la cima de la colina. Rut vio los campos y su corazón empezó a latir con fuerza. Su nueva vida estaba a punto de iniciar.

Noemí empezó a llorar. Rut la abrazó.

—No lo puedo soportar –abrazó a Rut y lloró amargamente–. No puedo llegar sola a mi casa de esta manera.

—Pero no estás sola –le dijo Rut–. Aquí estoy. Yo te ayudaré.

Noemí le sonrió con tristeza a Rut.

—Lo sé, pero…

Rut vio sus pies llenos de polvo y con dulzura le habló a su suegra.

—No soy Mahlón ni Quelión, pero te quiero. Estoy segura que podré cuidar de ti.

Noemí dejó de llorar. Veía la cara de su nuera. Y se preguntó, por qué Rut la quería tanto. Finalmente, Noemí dijo:

—Vámonos antes de que Labán nos empiece a gritar.

Alcanzaron la caravana mientras se dirigían a la aldea. Los campos de cebada madura y el trigo casi maduro cubrían abundantemente el camino.

—¿Qué les dije? –comentó Labán–. ¡Se terminó el hambre! ¡El Todopoderoso ha bendecido a su pueblo con comida!

Noemí estuvo de acuerdo.

—Es cierto. ¡Vean esos campos!

—Este es el inicio de la cosecha de la cebada –le dijo Labán a Rut–. Después de esto, el trigo estará listo. El pobre y el extranjero podrán recoger los campos después de la cosecha. La cosecha que se queda en las orillas de los campos será para los pobres.

—Lo que quiere decir, querida Rut –dijo Noemí–, es que a nosotros nos tocan las sobras.

Labán le dijo a Rut: Noemí es una mujer orgullosa, pero el orgullo puede matarte de hambre. Te aconsejo que tú sí aceptes esta bondadosa provisión del Señor.

Rut movió su cabeza mientras Labán se alejaba. Una paz silenciosa cayó suavemente sobre Rut.

—Las provisiones del Señor –murmuró Rut. Dirigió su vista hacia Belén y una nueva esperanza se apoderó de ella.

Capítulo 8

Antes de que el grupo llegara a la entrada de la aldea, un grupo de niños salió a darles la bienvenida. Se emocionaron cuando vieron quién era.

—Es Labán –gritaron–. ¡Labán, Labán, tan grande como un barco! ¡Labán, Labán tan malo como una cabra! Él se rió y los dispersó.

—¡Fuera de mi camino! –gritó, alzando sus brazos–. ¡Fuera de mi camino o no les doy las sorpresas que les traigo!

Al escuchar esto, los niños respetuosamente le abrieron el camino a él y a sus burros.

Varios hombres y mujeres salieron a darles la bienvenida a los viajeros. Noemí se acomodó su ropa y caminó hacia la entrada. Se detuvo por un momento en donde su esposo alguna vez se sentó como anciano de la aldea. Mientras caminaba, las mujeres se le quedaron viendo.

—¿Qué no es Noemí? –susurró una de ellas–. No, no puede ser. ¡Se ve tan vieja!

—Por supuesto que es Noemí –dijo una mujer–. ¡Yo debería saberlo! ¡Éramos vecinas!

—¡Noemí! –llamó una mujer, y Noemí se detuvo frente a ella–. ¿Cómo estás, Ana? –dijo Noemí.

—Sabía que eras tú, Noemí.

—Sí, soy yo, pero no me llames Noemí, sino llámame Mara, porque en grande amargura me ha puesto el Todopoderoso. Yo me fui llena, pero Jehová me ha vuelto con las manos vacías. Y se alejó de la multitud.

—Pero Noemí…

—¿Por qué habrías de llamarme Noemí, acaso no significa "agradable"? No, Ana, mi nombre ahora es Mara.

Mientras Noemí se alejaba, los aldeanos rodearon a Ana, ansiosos por conocer las noticias. ¿Qué le había sucedido a Noemí? ¡Estaba usando ropa de silicio! ¿Qué sucedió con Elimelec y sus hijos?

—No sé –dijo Ana. Vio como Noemí caminaba hacia su vieja casa–. Parece que ha perdido todo.

Rut esperó pacientemente mientras Labán bajaba algunas de sus posesiones del burro. Les entregó sus tapetes y sus canastas.

—¿Puedes con todo? La casa no está muy lejos.

—Sí puedo –contestó Rut–. Gracias por sus atenciones –sonrió–. Y sus historias.

Labán se sonrojó y le sonrió a Rut.

—¡De nada, señorita! ¡Usted sí sabe escuchar! –Labán buscó a Noemí y le dijo a Rut–: Será mejor que alcance a su suegra.

—Sí, lo haré, y una vez más, gracias –Rut caminó hacia donde iba Noemí.

—¡Y, Rut! –gritó Labán a Noemí–. Tenga cuidado; pues las palabras de algunas personas serán más filosas que la piedra del pastor.

Rut apresuró su paso y llamó a suegra:

—Noemí, espérame.

Las mujeres se le quedaron viendo.

¿Quién será esa mujer?, pensó Ana.

—¡Vaya, pero si es moabita! –dijo una mujer llamada Judit.

—Tal vez sea la sirvienta de Noemí –dijo otra de las mujeres.

—Lo dudo –contestó Ana–. ¡Por lo que veo, no creo que Noemí pueda tener una sirvienta! No creo que sea su...

—¡Su nuera! –dijo Judit–. ¡Yo digo que es la nuera de Noemí!

Todas las mujeres empezaron a hablar al mismo tiempo. ¡No puede ser! No era correcto que un hebreo se casara con una idólatra. ¡Qué escándalo!

Ana se puso su chal y fue a ver a Labán. Él estaba atendiendo a sus burros mientras los niños lo veían.

—Bienvenido, Labán –le dijo amigablemente Ana –. ¿Cómo te fue en tu viaje? ¿Hiciste buen tiempo?

—Cuatro noches, y cinco días. Lo usual.–Labán rascó su barba negra–. ¿Qué es lo que realmente quieres saber, Ana?

La mujer dudó un momento.

—¿Quién es la joven que llegó con Noemí?

—Ah, se trata de eso. Me lo imaginaba.

—Bien, ¿quién es? parece moabita.

—Lo es –le dijo concisamente Labán.

—¿Por qué está con Noemí?

—¡Pues porque es su nuera!

—¡Lo sabía! –dijo Judit triunfante–. Lo sabía. Es una desgracia.

Labán se alejó de las mujeres, dando a entender que ya no quería hablar más sobre el asunto.

—¡Viejas gallinas! –murmuró.

Mientras la multitud hervía con las noticias, Rut alcanzó a Noemí y la siguió a su casa. Estaba casi a la orilla de la aldea, desde donde se veían los campos de cebada. Noemí se detuvo y fijó su vista en la casa vieja. La pintura se había deslavado y la puerta se había podrido. Una familia de cabras se había instalado en su casa.

Rut se apresuró y sacó a las cabras por la puerta. Rápidamente barrio el piso de barro y colocó el tapete de Noemí para que descansara. Noemí se acostó y se quedó dormida llorando.

La joven viuda terminó de limpiar la casa y de ponerla en orden. Cuidadosamente sacó la única lámpara de aceite de una de las canastas y la colgó en la pared. Rut le puso un poco de aceite de oliva y la encendió.

El centelleo de la lámpara y el calor del brillo consoló a Rut haciéndola sentir en casa. Vio a su alrededor y trato de imaginar a Mahlón cuando era niño, corriendo y entrando por esa puerta. Pero la habitación estaba vacía, excepto por su suegra que dormía.

Salió de la casa y se quedó observando los campos. Por su mente pasaron el desierto, el Mar Salado y la tierra de Moab.

—Adiós, Mahlón –susurró.

Rut lo dejó ir, y una paz llenó su corazón.

Empezó a caer la noche. Rut suspiró y dijo una oración al Todopoderoso. En su corazón, ella sabía que el Señor no la había abandonado.

Capítulo 9

A la mañana siguiente el hambre la despertó. Noemí ya se había despertado, y estaba parada en la puerta.

—Buenos días, hija –le dijo Noemí–. ¿Cómo dormiste en tu primera noche en Belén?

—Muy bien –le contestó Rut–. Es tan tranquilo aquí.

—Sí, es un lugar tranquilo.

Noemí vio con preocupación a su nuera.

—Te ves un poco pálida, querida.

—Estoy bien –Rut se levantó y enrollo su tapete, se sentó junto a Noemí y le dijo:

—Sólo tengo un poco de hambre.

Noemí le dijo:

—¿Sólo un poco? No hemos comido desde ayer por la tarde. Me temo que no tenemos comida.

—Si me dejas ir al campo, recogeré algunas espigas. Labán dijo...

—Sí, ya sé lo que dijo Labán –contestó Noemí. Su tono se suavizó y abrazó a Rut–. No puedo creer haber llegado a esto.

—Me iré enseguida –le dijo Rut feliz–. Iré a donde me acojan benévolamente los segadores.

Y ella le respondió:

—Ve hija mía.

Rut se puso su chal sobre los hombros y salió por la puerta.

—¡Ten cuidado! –le dijo Noemí.

Noemí salió de su casa mirando todo a su alrededor. A pesar de todas sus penas, estaba contenta de estar en casa. Había casas nuevas junto a las viejas, pero en realidad, todo seguía igual.

Todo, excepto yo, pensó. *Yo era tan feliz y llena de vida. Y ahora...*

—¡Noemí! –escuchó que alguien le gritaba. Era Ana.

Ana caminó rápidamente hacia la casa de Noemí y la abrazó.

—Déjame verte –le dijo amablemente. No tuve oportunidad de

platicar ayer contigo. Después de todo, acababas de regresar y por supuesto estabas cansada, y…

—Ana –la interrumpió Noemí–, ¿quieres pasar y sentarte?

—¡Por supuesto!

Siguió a Noemí a su casa. Se sentaron junto a la hoguera vacía que se usaba para cocinar.

—Noemí… –Ana dudó un momento–. Noemí, ¿qué sucedió?

—Después de irnos a Moab, Elimelec se enfermó y murió, mis hijos se casaron con mujeres moabitas.

—¡Qué terrible! –dijo Ana, mientras se ponía su mano en la boca–. Quiero decir, después de todo, está prohibido…

—Orfa y Rut fueron buenas con mis hijos –los ojos de Noemí brillaban de enojo–. Mahlón y Quelión hicieron lo que quisieron después de que su padre murió. ¿Qué podía hacer yo?

—Cálmate, querida, no vine a molestarte.

—¿Entonces, a qué viniste? –le exigió Noemí.

La cara de Ana se enrojeció.

—Sólo vine a ver como estabas y qué había sucedido…

—¡Qué bueno! –le dijo sarcásticamente Noemí–. Ahora, asegúrate de que toda la aldea se entere de las noticias. No olvides decirles que somos tan pobres como mendigos.

La vecina de Noemí, apenada se levantó y se dirigió hacia la puerta. Se detuvo un momento y le dijo a su vieja amiga:

—Lo siento –y se fue.

Noemí cubrió su cara con sus manos y empezó a llorar.

La luz del sol de la mañana alegraba el corazón de Rut mientras caminaba por el camino hacia el campo. Hoy llevaría comida a su casa para que su suegra comiera.

—Lo dice la Palabra de Dios –recordó Rut–. Los extraños y las viudas podrán recoger las sobras. Llegó a un campo de cebada en donde los segadores ya habían iniciado su día de trabajo. Rut se acercó al mayordomo de los segadores y le dijo:

—Te ruego que me dejes recoger y juntar tras los segadores entre las gavillas.

El hombre le preguntó:

—¿Quién eres?

—Soy Rut, la nuera de Noemí. Soy de Moab.

El hombre dudó, pero al final le dijo:

—Está bien, pero no causes ningún problema. ¡Te estaré vigilando!

Rut dio las gracias y tomó su lugar detrás de los segadores. Los hombres jóvenes cortaban la cebada con su segadera. Las mujeres los seguían, atando cuidadosamente el grano en manojos. Rut se quitó su chal y empezó a recoger las espigas que sobraban.

Ocasionalmente, los trabajadores volteaban a ver a la recién llegada. Rut los escuchaba hablar entre ellos, pero ella siguió trabajando, ignorándolos. El sol brillaba ardiente sobre los campos y después de varias horas del agotador trabajo, Rut descansó debajo de uno de los refugios de los trabajadores.

—¿Por qué no te quedaste en Moab, en donde perteneces?

Las palabras filosas asustaron a Rut y volteó a ver la cara de la voz acusadora. Era Judit.

—No te necesitamos ni a ti ni a tus sucios dioses.

Rut sintió que su enojo explotaba dentro de ella amenazando derramar palabras violentas, pero una voz calmada que venía del otro lado del refugio intervino.

—No la molestes, Judit. La pobre chica ya tiene bastantes problemas.

Una mujer como de la edad de Rut se sentó junto a ella.

—Me llamo Abigail –le dijo con una sonrisa.

—Yo me llamo Rut –contestó la joven viuda agradecida–. ¿Qué sabes acerca de mí?

—Labán es mi tío –le dijo Abigail–, y le encanta hablar.

Rut empezó a reírse, pero Judit la vio severamente.

—Será mejor que regrese a trabajar.

Rut le dio la espalda al alboroto en el refugio y regresó a su pesado trabajo debajo de sol. Su corazón le dolía por las palabras de Judit. Ella había dejado a los dioses de Moab en su patria. El Dios de

Noemí, ahora era su Dios; ¿por qué nadie lo entendía?

Una voz penetrante interrumpió los pensamientos de Rut.

—Jehová sea con ustedes –dijo a los segadores.

Y ellos respondieron:

—Jehová te bendiga.

El hombre se fijó en la recién llegada y le sonrió. Rut mirando a Booz hablar con el capataz se preguntaba quién sería este hombre alto.

—Él es Booz, el dueño de estos campos –le dijo Abigail–. Él es un hombre importante en Belén.

Booz se reunió con su capataz y examinó sus campos y a los trabajadores.

—Set, ¿cómo va la cosecha el día de hoy?

—Muy bien, Booz, No hemos tenido problemas. Los campos de Caleb los invadieron ayer por la noche.

—Será mejor tener los ojos abiertos.

—Así lo haremos.

—¿De quién es esta joven?

—Es la joven moabita que volvió con Noemí de los campos de Moab. Y ha dicho: "Te ruego que me dejes recoger y juntar tras los segadores entre las gavillas". Entró, pues, y está desde por la mañana hasta ahora, sin descansar ni aún por un momento.

Entonces Booz dijo a Rut:

—Oye, hija mía, no vayas a espigar a otro campo, ni pases de aquí; júntate con mis criadas. Mira bien el campo que sieguen, y síguelas; porque yo he mandado a los criados que no te molesten. Y cuando tengas sed, ve a las vasijas, y bebe del agua que sacan los criados.

Rut se quedó viendo la cara de este hombre amable. Su cabello y barba café brillaban con el gris que tenían y sus ojos café brillaban con vida. Su cara estaba bronceada por el sol y cuando sonreía, las pequeñas arrugas junto a sus ojos, también sonreían.

Ella, entonces, bajando su rostro, se inclinó a tierra, y le dijo:

—¿Por qué he hallado gracia en tus ojos para que te fijes en mí, siendo yo extranjera?

Y respondiendo Booz, le dijo:

—He sabido todo lo que has hecho con tu suegra después de la muerte de tu marido, y que dejando a tu padre y a tu madre y la tierra donde naciste, has venido a un pueblo que no conociste antes. Jehová recompense tu obra, y tu remuneración sea cumplida de parte de Jehová, Dios de Israel, bajo cuyas alas has venido a refugiarte.

Las palabras de Booz renovaron la recién nacida fe de Rut embargando su corazón. Ella le dijo:

—Señor mío, halle yo gracia delante de tus ojos; porque me has consolado, y porque has hablado al corazón de tu sierva, aunque no soy no como una de tus criadas.

Booz tomó una espiga.

—Por lo general, un campesino obtiene lo que planta. Tú sembraste semillas de sacrificio y amor. Estoy seguro que tu cosecha será generosa.

Y Booz gritó:

—¡Hora de comer!

Y ella se sentó junto a los segadores, y él le dio del potaje, y comió hasta que se sació, y le sobró.

Cuando Rut volteó, vio que Booz seguía dando instrucciones a los hombres.

Y Booz mandó a sus criados, diciendo:

—Que recoja también espiga entre las gavillas, y no la avergüencen; y dejen también caer para ella algo de los manojos, y lo dejarán para que lo recoja, y no la reprendan.

Los trabajadores veían a Rut con otros ojos después de que Booz llegó. Y Judit mantuvo su boca cerrada el resto del día.

Rut, espigó, pues, en el campo hasta la noche, y desgranó lo que había recogido, y fue como un efa de cebada. Cuando llegó a su casa, Noemí la esperaba en la puerta.

Capítulo 10

—¡Estaba preocupada! -le dijo Noemí a Rut. Noemí metió a Rut a la casa y la sentó en el tapete–. ¿Cómo te fue?

Rut abrió su chal y dejó caer todo lo que tenía dentro de una canasta. Los ojos de Noemí no podían creer lo que veían mientras la canasta se llenaba con el grano hasta el borde. Se le quedó viendo a su nuera con asombro. Y le dijo su suegra:

—¿Dónde has espigado hoy?, ¿dónde has trabajado? Bendito sea el que te ha favorecido.

Ella le contó a su suegra con quién había trabajo, y dijo:

—El nombre del varón con quién hoy he trabajado es Booz. La cara de Rut estaba roja por el duro trabajo del día.

Sacó también luego lo que le había sobrado después de haber quedado saciada, y se lo dio.

—¡No puedo creer la cantidad de cebada que juntaste! ¡Qué el Señor bendiga a ese hombre por haber sido tan bueno contigo!

Rut sonrió y se recostó sobre el tapete.

—Me dijo que podía segar sus campos hasta el final de la cosecha.

El corazón de Noemí se llenó de esperanza. Veía la comida abundante y a su amorosa nuera.

—El Señor no nos ha olvidado -dijo Noemí–. Puedo ver que Su bondad hacia nosotras no se ha detenido.

Rut estaba feliz escuchando las palabras de Noemí. Se alegraba ver que en la voz de su suegra se vólvían a escuchar palabras de felicidad. Después le dijo Noemí:

—Aquél varón es nuestro pariente, y uno de los que pueden redimirnos.

Y Rut la moabita dijo:

—Además de esto me dijo: "Júntate con mis criadas, hasta que haya acabado toda mi siega".

Y Noemí respondió a Rut su nuera:

—Mejor es, hija mía, que salgas con sus criadas, y que no te encuentren en otro campo.

Rut se quedó dormida y todo estaba silencioso en Belén. Noemí se acostó tarde viendo a su nuera dormir. La lámpara de aceite seguía encendida e iluminaba las paredes de adobe y el corazón de Noemí se llenó de felicidad al saber que Dios había estado con ellas todo el tiempo.

Los días de la cosecha pasaron rápidamente. Todas las mañanas Rut caminaba el polvoriento camino hasta llegar a los campos de Booz y se reunía con sus sirvientes. Trabajó todos los días arduamente mientras que Noemí se encargaba de cocinar y de limpiar.

La gente del pueblo se fijaba en la moabita y tomó nota de su duro trabajo y de su devoción a Noemí.

—No puede ser tan mala –dijo una de las mujeres mientras Rut caminaba cerca del pozo de agua en el centro de la aldea–. Cuida muy bien a Noemí. Pobre. Tal vez extraña su casa.

Ana movía su cabeza.

—Pobre. ¡Y debo decir, quiere a Noemí como si fuera su propia madre! ¡Yo no confío en ella! –dijo Judit–. ¡Después de todo, ella es de Moab! Te apuesto que por las noches se escapa para poder adorar a ese horrible dios Quemos.

Las mujeres seguían murmurando. De repente el ruido de un látigo asustó a las mujeres y guardaron silencio.

—¡Labán! Hijo de Jacob, ¡casi nos matas del susto! –le dijo Ana regañando al mercader.

—Les pido disculpas, señoras. Sólo estaba practicando. Escuché que había víboras junto al pozo de agua.

—¡Tío Labán! –se rió Abigail–. Eres terrible.

Judit tomó su jarrón con agua y se alejó furiosa. La gente empezó a dispersarse, y Labán se sentó junto al pozo.

—¿Funcionó, verdad? –Labán se dio un golpe en las piernas y se echó a reír–. ¡No hay nada más satisfactorio que terminar con los problemas!

—Honestamente, tío, ¡realmente puedes meterte en muchos problemas!

—Gracias, mi querida Aby, ahora, ¿qué no tienes que irte a trabajar al campo?

—Sí, ya voy en camino.

—Aby... –Labán llamó a su sobrina–. Rut trabaja contigo, ¿no es así?

—Sí –le respondió.

—¿Se encuentra bien? ¿Ninguno de los hombres la ha molestado?

Abigail sonrió y tomó la mano de su tío.

—Ella está bien. ¡Booz ya se encargó de eso! Les advirtió a los hombres que no la molestaran.

Labán suspiró aliviado.

—Es tan joven y está tan sola. Me preocupa que alguien trate de...

—Tío, no te preocupes –le dijo Abigail–. Alguien la está cuidando. Se le quedó viendo a Labán con ojos interrogativos–. Si no te conociera, Labán, el independiente, hombre rudo, Yo diría que te interesa la joven moabita.

—Como si fuera mi propia hija –dijo en voz baja.

¿Quieres decir que Laban, el solitario, tiene sentimientos? –le sonrió Aby.

—¡No le digas a nadie! Podría arruinar mi imagen –contestó Labán.

Abigail se rió.

—¡No te preocupes, tu secreto está bien guardado conmigo! –Labán vio como su sobrina se fue corriendo hacia los campos. El sol ya brillaba, prometía ser un día caluroso.

Rut tarareaba una canción sobre la cosecha mientras caminaba hacia el campo. Se detuvo ante un alto árbol granado. De repente un ruido cercano al arbusto atrajo la atención de Rut. Se quedó parada atemorizada. Estaba muy lejos de la aldea para regresar y muy lejos del campo para pedir ayuda. Recordó al cruel pastor.

De un salto alguien salió por detrás del arbusto y Rut gritó. Era un pequeño niño. Cuando se dio cuenta lo pequeño que era su atacante, suspiró aliviada. El niño se cayó y estaba tratando de levantarse y correr.

—¡Oye! –Rut trató de tomar la mano del niño para ayudarlo a que se levantara.

El oscuro cabello del niño estaba enredado. Se quitó el cabello de los ojos y vio a Rut.

—Mi abuela dice que todas las mujeres moabitas llevan a los hombres a su muerte. ¿Me vas a llevar tú a mi muerte? Sabes, yo ya soy un hombre.

Rut sonrió, y le dijo:

—No, yo no te voy a llevar a tu muerte. No me tengas miedo. Tú eres un niño muy valiente. ¿Cómo te llamas?

—Gedeón.

—¿Adónde te dirigías con tanta prisa?

—Labán el mercader me prometió darme un paseo en su burro. Seguramente me subirá al más malo, pues como soy tan valiente.

—Tienes razón. Será mejor que te apures, valiente Gedeón.

Gedeón sonrió con satisfacción y se apresuró hacia su aventura. Rut vio con nostalgia a la pequeña figura correr hacia Belén. Durante los diez años que estuvo casada con Mahlón, no habían tenido hijos. Por un momento su corazón le dolió, pero el sol le recordó que había trabajo por hacer.

Todos los días Booz iba a los campos a supervisar a los trabajadores y todos los días saludaba a Rut con una sonrisa. Su bondad la hacia sentirse bienvenida en Belén.

Después de un día vigoroso de trabajo, Rut disfrutaba subirse al techo de su casa. Después de soportar el calor en el campo, Rut disfrutaba de la brisa de la tarde. Una noche, Rut se dio cuenta de que Noemí tenía cara de "Tengo un plan".

—¿En qué estas pensando, madre? –le preguntó Rut.

—Rut, tú has sido muy buena conmigo. Me has tratado como si fuera tu propia madre. Ahora yo quiero hacer algo por ti.

Rut protestó, pero Noemí continuó.

—Hija mía, ¿no he de buscar hogar para ti donde te vaya bien? En Israel, hay una provisión especial para las viudas. Si tu esposo muere y no deja a ningún hijo para que herede su propiedad, entonces un hermano o un pariente cercano debe casarse con la viuda. Al primogénito se le considera el hijo del esposo muerto, por lo tanto, su nombre y su propiedad no se pierde en Israel. ¿No es acaso Booz nuestro pariente? Escúchame cuidadosamente, querida. Ya casi se termina la cosecha. He aquí que él avienta esta noche la parva de las cebadas. Lávate, pues, y úngete, y vistiéndote tus vestidos, vete a la era; pero no te des a conocer al varón hasta que él haya acabado de comer y de beber. Y cuando él se acueste, notarás el lugar donde se acueste, e irás y descubrirás sus pies, y te acostarás allí; y él te dirá lo que hayas de hacer.

Rut veía a su suegra sorprendida. Los ojos de Noemí estaban llenos de amor.

—Confía en mí, hija.

Y ella respondió:

—Haré todo lo que tú me mandes.

Noemí abrazó a Rut.

—Ahora, apresúrate, y prepárate.

Rut sacó de una canasta su túnica blanca y su chal azul. Cuando estuvo lista, le dio un abrazo a su suegra y se fue. Noemí la vio irse por el camino.

Capítulo 11

Booz y sus hombres desgranaban en el piso la cebada y escogían el grano. Con grandes trinches de madera, aventaban con fuerza el grano hacia el aire. La brisa de la tarde se llevaba las espigas y el polvo, mientras que los granos grandes caían al suelo. Mientras trabajaban, sus pláticas y risas llenaban el aire. Había sido una cosecha generosa y los campos de trigo prometían ser generosos también.

Rut se acercó al piso donde desgranaban y se escondió a la sombra de un árbol.

—Booz –le dijo tímidamente un joven–. Cuéntanos cuando los nómadas atacaron los campos de trigo y tú los echaste al desierto.

Booz se rió y con sus fuertes brazos trinchó el grano hacia el aire.

—¡Ya has escuchado esa historia muchas veces!

Varias voces se juntaron y dijeron:

—Por favor, ¡Cuéntala otra vez!

—¡Está bien, está bien! –dijo Booz–. ¡Veo que no tengo alternativa!

Las luches de las antorchas iluminaban el enorme piso y las orillas cercanas al campo. Las caras ansiosas de los jóvenes brillaban con la luz de la flama, sus ojos brillaban de emoción. Booz se dio cuenta que había un niño dentro del grupo.

—¡Gedeón! ¿Qué haces aquí a esta hora de la noche?

—¡Mi mamá me dijo que podía venir si Micaía me cuidaba! –volteó a ver a su hermano con una mirada suplicante.

—¡Pero te estás quieto, si no, te regreso a casa! –le dijo impacientemente Micaía.

—Está bien chicos, no se peleen.

Booz le sonrió a Gedeón

—Esta historia te puede asustar, jovencito.

—Yo soy el valiente Gedeón –dijo el pequeño y orgulloso soldado.

—Hace varios años, justo antes de la cosecha del trigo, los filisteos habían estado invadiendo los campos vecinos a nuestra aldea. Sabíamos que no faltaba mucho antes de que llegaran a Belén.

Los ojos de los jóvenes se abrieron. Gedeón se escondió detrás de su hermano.

—Como ya saben, nuestra aldea es pequeña, y no teníamos suficientes hombres para pelear con ellos hombre a hombre; así que hicimos un plan. Las invasiones siempre las hacían por la noche, cuando todos dormían. Así que Set, yo y un puñado de hombres hacíamos guardias todas las noches. Una noche, descubrimos una banda de ladrones en nuestros campos. –Booz hizo una pausa y vio la luna–. No había luna esa noche, así que era difícil ver.

—¿Quieres decir que estaba oscuro? –preguntó Gedeón.

—Estaba MUY oscuro –dijo Set en un tono serio–. Diles lo que sucedió, Booz.

—El puesto del guardia filisteo estaba a la orilla del campo. Afortunadamente para nosotros, se durmió. Le robamos sus armas y durante la noche, con sólo las estrellas iluminándonos, rápidamente encendimos las antorchas que habíamos colocado alrededor del campo. Sorprendimos a los ladrones. Set continuó:

—Booz gritó: ¡Los tenemos rodeados. Si no se van, encenderemos el campo y ustedes se quemarán vivos! Lo único que los ladrones veían eran las antorchas. Pues bien, los ladrones salieron corriendo tan rápido como pudieron y Booz los correteó con sus propias armas hacia el desierto. Booz se rió y junto una pila de granos.

—Ya casi terminamos aquí. ¿Por qué no comen algo?

Booz y los hombres terminaron de escoger los granos y se unieron con los otros y se sentaron en el festejo de la cosecha. El júbilo por la abundante cosecha se reflejaba en sus caras.

Rut esperaba pacientemente en la sombra. Finalmente, el festejo terminó y muchos de ellos regresaron a sus casas. Booz y algunos trabajadores se quedaron a vigilar los granos.

—Ha sido un buen día –les dijo Booz a sus hombres–. ¡Qué el Señor los bendiga!.

—¡Qué el Señor te bendiga! –le contestaron.

Y cuando Booz hubo comido y bebido, y su corazón estuvo contento, se retiró a dormir a un lado del montón. Entonces ella vino calladamente, y le descubrió los pies y se acostó.

Y aconteció que a la medianoche se estremeció aquel hombre, y se volvió, y he aquí, una mujer estaba acostada a sus pies. Entonces él dijo:

—¿Quién eres tú?

Y ella respondió:

—Yo soy Rut tu sierva; extiende el borde de tu capa sobre tu sierva, por cuanto eres pariente cercano.

Y él dijo:

—Bendita seas tú de Jehová, hija mía; has hecho mejor tu postrera gracia que la primera, no yendo en busca de los jóvenes, sean pobres o ricos.

Rut tembló bajo la luna.

—Ahora, pues, no temas, hija mía; yo haré contigo lo que tú digas, pues toda la gente de mi pueblo sabe que eres mujer virtuosa. Y ahora, aunque es cierto que yo soy pariente cercano, con todo eso hay un pariente más cercano que yo. Pasa aquí la noche, y cuando sea de día, si él te redime, bien, que te redima; pero si él no te quiere redimir, yo te redimiré, vive Jehová. Descansa, pues, hasta la mañana.

Rut se preguntaba ¿quién sería el otro pariente y como sería? ¿Qué tal si ese hombre decidía redimirla? Pero si Booz era tan fuerte y amable, seguramente el otro hombre no...

—Detente –se dijo Rut.

Recobró la calma y sus pensamientos, pues la verdad ya estaba escrita en su corazón, el Dios viviente la protegería.

Booz estaba acostado viendo la luna mientras su corazón latía de felicidad.

—¡No lo puedo creer, ella vino a mí! –se dijo–. ¡Ella vino a mí! ¡Es tan hermosa y tan buena! ¿Qué tal si ese hombre acepta redimir a Rut? –vio hacia el cielo–. La mano de Dios está en esto. El Señor tiene un plan. Él me guiará.

Sus pensamientos se tranquilizaron y las horas pasaron rápido. Temprano por la mañana antes de que saliera el sol, Rut se levantó silenciosamente para irse. Booz lo aprobó.

—Es buena idea que te vayas, mientras está oscuro –vio que sus trabajadores dormían–. No necesitamos rumores feos que anden volando por todo Belén.

Después le dijo:

—Quítate el manto que traes sobre ti, y sosténlo. Ella lo sostuvo y él midió seis medidas de cebada, y se las puso encima; y ella se fue a la ciudad.

Y cuando llegó a donde estaba su suegra, ésta le dijo:

—¿Qué hay, hija mía?

Y le contó ella todo lo que con aquel varón le había acontecido. Y dijo:

—Estas seis medidas de cebada me dio, diciéndome: "A fin de que no vayas a tu suegra con las manos vacías".

Entonces Noemí dijo:

—Quédate tranquila, hija mía, hasta ver cómo acaba la cosa; porque ese hombre no descansará hasta terminar hoy mismo este asunto.

Noemí salió de la casa y se dirigió al lugar en donde todos los asuntos legales se hacían: la puerta de la aldea.

Capítulo 12

La puerta de la aldea ya estaba abierta. Las mujeres re reunían para sacar agua del pozo y el mercado ya estaba abierto.

Booz fue a la puerta y se sentó a esperar. Vio como la gente entraba y salía de la puerta. Todos lo saludaban cuando pasaban, y Booz les sonreía sin prestarles atención. Pero seguía vigilando a la gente cuidadosamente.

Ana saludó a Abigail en el pozo y bajó su cántaro de barro.

—Parece que hoy va a ser una mañana muy ocupada en Belén –dijo alegre.

—Así parece –respondió Abigail–. Mira, ahí está Booz, está sentado en la puerta. Me pregunto ¿qué estará haciendo ahí?

—Tal vez va a consultar algo con los ancianos. Han ocurrido robos en las últimas dos semanas –dijo Ana pensativa–. Tal vez sea sobre eso.

—Yo diría que está buscando a alguien –dijo Judit.

Ana volteó a ver a Judit. ¿Cómo sabes?

—Pues véanlo –dijo Judit–. Está viendo a la gente como un águila que busca a su presa. ¡Yo digo que está buscando a alguien!

—Tienes razón –contestó Abigail–. Me pregunto a quién…

—Silencio –interrumpió Ana. Ahí viene Labán.

—Buenos días señoras –les sonrió–. ¿Cómo está todo hoy en el pozo? ¿Todavía hay agua en el pozo de Belén? ¿Y a quién están observando?

Siguió la vista hacia la puerta.

—Así que hoy están preocupadas por Booz. ¿Quieren que le vaya a decir que están preocupadas por él? Estoy seguro que eso lo tranquilizará.

—Ay, tío Labán –suspiró Abigail.

—¿Por qué no atiendes tus propios asuntos? –le dijo Judit.

Labán se rió y se dirigió hacia el mercado.

—Tengo en venta alfarería fina de Moab, señoras –les dijo–. ¡Y también estambre de borrego!

Y he aquí que pasaba aquel pariente de quien Booz había hablado, y le dijo:

—Eh, fulano, ven acá y siéntate.

Y él vino y se sentó. Entonces Booz tomó a diez varones de los ancianos de la ciudad, y dijo:

—Siéntense aquí.

Y ellos se sentaron. Pronto se acercó una multitud de curiosos.

—¡Mira! ¡Ahí está Noemí! ¿Qué estará haciendo ella aquí?

—Silencio –les dijo Judit–. No puedo escuchar nada.

—Gracias por estar todos aquí –les dijo Booz a los ancianos y al pariente.

Luego dijo al pariente:

—Noemí, que ha vuelto del campo de Moab, vende una parte de las tierras que tuvo nuestro hermano Elimelec. Y yo decidí hacértelo saber, y decirte que la compres en presencia de los que están aquí sentados, y de los ancianos de mi pueblo. Si tú quieres redimir, redime; y si no quieres redimir, decláramelo para que yo lo sepa; porque no hay otro que redima sino tú, y yo después de ti. Y él respondió: Yo redimiré.

Entonces replicó Booz:

—El mismo día que compres las tierras de mano de Noemí, debes tomar también a Rut, la moabita, mujer del difunto, para que restaures el nombre del muerto sobre su posesión.

Y respondió el pariente:

—No puedo redimirlo para mí, por temor a perjudicar a mis propios herederos. Redime tú, usando mi derecho, porque yo no podré redimir.

Había ya desde hacia tiempo esta costumbre en Israel tocante al contrato de redención, que para la confirmación del negocio, el uno se quitaba el zapato y lo daba a su compañero; y esto servía de testimonio en Israel.

Entonces el pariente dijo a Booz:

—Tómalo tú. Y se quitó el zapato.

Y Booz dijo a los ancianos y a todo el pueblo:

—Ustedes son testigos hoy, de que he adquirido de mano de Noemí todo lo que fue de Elimelec, y todo lo que fue de Quelión y de Mahlón. Y que también tomo por mi mujer a Rut la moabita, mujer de Mahlón, para restaurar el nombre del difunto sobre su heredad, para que el nombre del muerto no se borre de entre sus hermanos ni en la puerta de su lugar. Ustedes son testigos hoy.

Y dijeron todos los del pueblo que estaban en la puerta con los ancianos:

—Testigos somos. Jehová haga a la mujer que entra en tu casa como a Raquel y a Lea, las cuales edificaron la casa de Israel; que te hagas ilustre en Efrata, y tengas renombre en Belén. Y sea tu casa como la casa de Fares, el que Tamar dio a luz a Judá, por la descendencia que de esa joven te dé Jehová.

—¡Amén! –todos gritaron.

Noemí lloró de felicidad, y las mujeres la rodearon con llantos de felicidad. Todos la felicitaban, y se empezaron a hacer los planes para el festejo para celebrar el nuevo matrimonio. Entre toda la conmoción, Booz se alejó de la multitud.

Capítulo 13

Rut estaba sentada sola en la pequeña casa, pensando que es lo que estaba sucediendo en la puerta de la aldea. La fiel lámpara de aceite brillaba, y Rut veía como la flama se reflejaba en la pared.

Se quedó pensando en los eventos de los últimos días, y su corazón empezó a latir con fuerza cuando recordó la noche anterior. ¿Qué podría suceder hoy? ¿Quién vendría por ella?

—¡Rut!

La asustó el sonido de la voz que venía de la puerta, la joven mujer volteó para ver que era Booz el que estaba parado en la entrada. Era la primera vez que la llamaba por su nombre. La voz del hombre volaba por el aire y tocó una cuerda del corazón de Rut. Parecía como si hubiera escuchado su voz hacía mucho tiempo, antes de conocerlo. Rut cerró sus ojos y escuchó.

Booz volvió a decir su nombre, y Rut comprendió. ¡El Señor, el Dios viviente, conocía su nombre! Él la amaba y siempre cuidaría de ella. Ella confiaba estar bajo las alas del Señor. ¡Ahora ella sabía que Dios le había dado a Booz! Rut vio al Dios viviente. Ella sabía que nunca más estaría sola.

Rut no podía hablar. Booz se le acercó y suavemente le tomó la mano.

—Todo está bien –le dijo–. Ahora eres mi esposa.

La joven viuda pudo ver todo el amor que Booz sentía por ella a través de sus ojos.

—Gracias –dijo ella serenamente.

Booz la abrazó y le dijo:

—No te preocupes por Noemí. Ella vivirá con nosotros –sonrió y dijo–: Vámonos a casa.

El sonido de risas y voces emocionadas llenaron el aire mientras Noemí y sus amigas llegaban a su casa. Booz y Rut la saludaron y Noemí la abrazó tiernamente.

—¡Estoy tan feliz por ti! –le dijo llorando Noemí–. ¡El Señor no se ha olvidados de nosotras! –volteó a ver a Booz con un respeto profundo en sus ojos–. Y, gracias a ti, los nombres de mi esposo y de mis hijos no se perderán en Israel.

—Es un privilegio –le dijo–. No se diga otra palabra. ¡Ahora, vayámonos! ¡Me imagino que ya empezó la celebración!

—Vayan ustedes –les dijo Noemí–. Yo tengo algo que hacer primero.

Booz y Rut dejaron a Noemí en la casa y sus amigos se reunieron con ella.

Noemí recordó cuando Mahlón y Quelión correteaban por la casa. Podía escuchar a Elimelec regañándolos y a la misma vez riéndose de sus travesuras.

Noemí recordó todos los momentos felices de cada esquina de la habitación, pero decidió dejar todas las tristezas atrás. Encontró la canasta que estaba buscando y se cambió de ropa.

Cuando llegó a la celebración, Rut notó el cambio enseguida.

—¡Madre! –exclamó– ¡Y tu ropa de silicio!

—Ya no existe –le contestó Noemí.

—¡Te ves maravillosa!

La casa de Booz estaba llena de invitados. Los sirvientes de Booz prepararon comida y vino para el festejo del medio día. Parecía como si todo Belén fuera a tomar parte de la celebración.

Rut estaba feliz con todas las atenciones que recibía. Se alejó un momento y se subió al techo de la casa de Booz. Vio hacia el patio y se dio cuenta que seguían llegando los invitados. El sol brillaba y hacia calor, pero Rut prefirió quedarse en el techo. Los campos de trigo alrededor de Belén se movían con la brisa.

—Es una hermosa vista, ¿verdad? –escuchó una voz familiar.

Rut volteó.

—¡Labán!

—Estoy muy orgulloso de ti –le dijo el mercader mientras sonreían. Rut se rió.

—¡Gracias! Me da gusto que estés aquí, Labán. Te quiero agradecer por todo lo que hiciste por mí, especialmente, salvarme la vida. Cómo podré pagarte.

—Olvídalo –le dijo Labán.

—Nunca lo olvidaré. Le platiqué todo a Booz.

—No tenías que hacer eso –protestó Labán.

Los dos se quedaron parados un momento en silencio, observando el hermoso paisaje.

Labán le dijo:

—Ya sé como puedes agradecerme.

—Maravilloso –dijo Rut–. ¿Qué puedo hacer por ti?

—Que escuches otro de mis cuentos.

Rut le dijo:

—¡Por supuesto! Me encantaría escuchar otra de tus historias –se sentó y le indicó a Labán que él hiciera lo mismo.

Labán apuntó hacia el este.

—Más allá del desierto de Judea, como ya sabes, está el valle del río Jordán. ¿Recuerdas lo que te dije sobre Moisés?

Rut le dijo:

—Ayudó a su pueblo a salir de Egipto y subió a la montaña con el Señor.

—¡Sí! –dijo Labán–. Y fue en las llanuras de Moab que la gente acampó antes de entrar a la tierra prometida.

—Cruzaron hacia Jericó, ¿verdad?

—Sí, tienes razón. Para entonces, Moisés ya había muerto y un hombre valiente llamado Josué se convirtió en su líder. Él planeó conquistar Jericó, pero antes envío unos espías. Los dos espías que envió fueron a la casa de una prostituta cananea llamada Rahab, para obtener información.

—¿Los ayudó? –interrumpió Rut.

—¡Claro que sí! –contestó Labán–. Cuando el rey de Jericó se enteró que había espías en la ciudad, envió un destacamento a buscarlos. Rahab los escondió en el techo de su casa.

—¿Por qué hizo eso? ¿Qué sucedió?

—¿Me permites contar la historia? –dijo Labán irritado.

—Ya no diré una sola palabra.

—Está bien, a ver, ¿en dónde me quede? Ah, sí. Rahab escondió los espías en el techo de su casa. Después de que todos los hombres del rey se fueron, Rahab subió al techo y les dijo a los hombres que había escuchado como Dios había sacado a los israelitas de Egipto y derrotaron a todos sus enemigos en el camino. Les dijo que ella sabía que su Dios estaba en el cielo y en la tierra, y que la salvaran a ella y a su familia cuando atacaran Jericó.

Los espías estuvieron de acuerdo y le dijeron que pusiera un listón morado en la ventana de su casa. Le dijeron que llevara a toda su familia a su casa y que no salieran hasta que terminara la batalla. Nadie atacaría la casa con el listón morado.

Dios le dijo a Josué: Rodeen, pues, la ciudad todos los hombres de guerra, yendo alrededor de la ciudad una vez; y esto harán durante seis días. Y siete sacerdotes llevarán siete bocinas de cuernos de carnero delante del arca; y al séptimo días daréis siete vueltas a la ciudad, y los sacerdotes tocarán las bocinas. Y cuando toquen prolongadamente el cuerno de carnero, así que oigan el sonido de la bocina, todo el pueblo gritará a gran voz, y el muro de la ciudad caerá; entonces subirá el pueblo, cada uno derecho hacia delante. El Señor les dio la victoria, y Jericó fue destruida completamente.

Labán hizo una pausa.

—Todo, excepto la familia de Rahab. Rahab vivió con los Israelitas el resto de su vida. Un israelita llamado Salmón se casó con ella, y tuvieron un hijo. Por cierto, ella murió hace unos años.

—¡Hace unos años! –dijo Rut–. ¿La conociste Labán?

—Sí. El nombre de su hijo es Booz.

—¿Quieres decir que la madre de Booz era… cananea?

—Sí, lo fue. Rahab abrazó la fe de los israelitas cuando escuchó del poder de su Dios. Salvó su vida por haber ayudado y escondido a los espías israelitas.

Los ojos de Rut se llenaron de lágrimas.

—Qué Dios tan misericordioso y bondadoso. Tuvo que haber sido el Señor quién me llevó a los campos de Booz; al hombre que veía más allá de la nacionalidad y que vio mi corazón –Rut lloró, y le dijo a Labán–. ¡Gracias por contármelo!

Labán se dio la vuelta, para que Rut no viera sus lágrimas.

—Me tengo que ir. Me voy mañana temprano a Jope. Tengo que atender algunos negocios.

Rut se quitó las lágrimas de sus ojos y le dio un abrazo a Labán.

—Gracias por todo.

Escucharon que alguien subía por las escaleras. Era Booz.

—¡Aquí estás! Te he buscado por todos lados. ¡Es hora del festejo y todos están esperando a la novia!

Rut se sonrojó a la mención de la palabra novia.

—¡Estoy tan feliz que apenas puedo respirar!

—¡Rut! –la llamó Noemí desde el patio.

—¡Ya voy! Adiós, Labán. Espero volverte a ver pronto.

Booz puso sus brazos sobre los hombros de Labán.

—Quiero agradecerte por todo lo que hiciste por Rut. Me dijo que le salvaste la vida. Siempre te estaré agradecido. Si alguna vez necesitas mi ayuda, dímelo.

—Gracias, Booz, pero ya me conoces. ¡No necesito la ayuda de nadie! Felicidades por tu nueva esposa. Cuídala Booz. Es como una hija para mí.

—¡Sabes que lo haré! Ahora, ¡acompáñame al festejo!

Booz, pues, tomó a Rut, y ella fue su mujer; y Jehová le dio que concibiera y diera a luz un hijo.

Y le dieron nombre las vecinas diciendo:

—Le ha nacido un hijo a Noemí.

Y lo llamaron Obed. Este es padre de Isaí, padre de David.

Y las mujeres decían a Noemí:

—Loado sea Jehová, que hizo que no te faltara hoy un pariente redentor, cuyo nombre será celebrado en Israel. El cual será restaurador de tu alma, y sustentará tu vejez; pues tu nuera, que te ama, lo ha dado a luz; y ella es de más valor para ti que siete hijos.

Y tomando Noemí el hijo, lo puso en su regazo, y fue su aya.

—¡Nunca creí que sería abuela! ¡Bendito sea el Señor!

La casa de Booz se llenó con sonidos de felicidad en honor a Rut y el nacimiento de su hijo.

Era otoño y la lluvia caía con fuerza.

—¡Rut! Te estás empapando.

Booz la tapó con su túnica y caminaron juntos a su casa. La lluvia mojaba la tierra y se confundía con las lágrimas de felicidad de Rut.

Ya estaba en casa.

Epílogo

Estas son las generaciones de Fares: Fares engendró a Hezrón. Hezrón engendró a Ram, y Ram engendró a Aminadab.

Aminadab engendró a Naasón, y Naasón engendró a Booz, y Booz engendró a Obed.

Obed engendró a Isaí, e Isaí engendró a David.

Cuando Obed, el hijo de Booz y Rut, creció, tuvo un hijo que se llamó Isaí. Cuando Isaí creció, él tuvo un hijo que un día mató a un gigante llamado Goliat. Lo mató con una piedra que lanzó con su honda. Ese niño llegó a ser rey de Israel. Su nombre fue David.

Muchas generaciones después, nació otro niño en Belén, descendiente de David, descendiente de Obed. Su nombre fue Jesús.

Ester

La reina valiente

POR
SUSAN MARTINS MILLER

Capítulo 1

Los niños jugaban alegres y se correteaban unos a otros por el camino, mientras las mujeres conversaban silenciosamente entre ellas. Ocasionalmente, una de las madres levantaba su voz o volteaba para mirar severamente a alguno de los niños porque se alejaba o porque estaban haciendo mucho ruido. Esto era parte de un día ordinario –sacar agua del pozo por la tarde y regresar caminado hacia la fila de las modestas casas en donde los judíos vivían en la ciudad de Susa.

Ester caminaba con las mujeres, a pesar de que muchas de ellas eran mayores que ella. Por lo general no tenía mucho que contribuir a la conversación, pues las pláticas siempre eran sobre los esposos o los niños. Realmente, no encajaba con ellas, pero tampoco encajaba con los niños. Ya no era una niña, pero tampoco era una mujer.

Mientras el grupo se dirigía por el camino polvoriento a la casa de Ester, de pronto el corazón de Ester empezó a latir con fuerza; podía escuchar el ruido que hacían las mujeres a su alrededor. ¡Los soldados abandonaban sus calles! Esto significaba sólo una cosa. Una vez más habían venido a llevarse a alguna hermosa mujer joven para que formara parte del harén del rey. Ester corrió lo más rápido que pudo. El agua se le caía del jarrón que llevaba en sus brazos. Cuando llegó a su casa, abrió la puerta de madera y empezó a gritar.

—¡Pariente! ¡Pariente!

Ester corría por las habitaciones de su casa buscando a su pariente Mardoqueo, quién la recogió cuando quedó huérfana y la crió como si fuera su hija.

—Pariente Mardoqueo, ¿dónde estás?

Lo encontró sentado silenciosamente en su cuarto.

—Ester, querida –le dijo–, ven y siéntate junto a mí.

Ester se quedó de pie exigiendo la verdad.

—Se han llevado a alguien otra vez, ¿no es así? –la voz de Ester temblaba con temor.– ¿A quién fue, pariente? ¿A quién?

Mardoqueo se tardó en responder. Por fin, dijo en un susurro:

—Rebeca.

Ester se puso una mano en la boca para detener su grito.

—¿Rebeca? ¿Mi amiga Rebeca? Pero, pariente, Rebeca no es mucho mayor que yo.

Mardoqueo hizo que Ester se sentara junto a él. Ella puso su cabeza sobre su hombro mientras él acariciaba su cabello.

—Ester, tú eres muy hermosa.

—¡Pariente! Eso me lo has dicho toda mi vida. Lo dices porque me amas.

—No, Ester. Esta vez te lo estoy diciendo como advertencia. Ya ha pasado un año desde que el rey Asuero inició su búsqueda de una nueva reina. Y tú has cambiado mucho durante este año. Ya no te ves como una niña. Te has convertido en una hermosa mujer.

Ester se levantó y vio la cara de preocupación de su pariente.

—Piensas que vendrán por mí, ¿verdad, pariente?

—Sí, Ester.

La chica se paró y pateó el suelo.

—Pero, pariente, ¿cuántas mujeres necesita el rey para escoger una? Los soldados ya han reunido a cientos de mujeres entre persas y judías. Seguramente una le tendrá que gustar al rey.

Mardoqueo, movió su cabeza con tristeza.

—No lo puedo explicar, Ester, y oro para que no te suceda a ti –hizo una pausa y se le iluminó su cara–. Ven hija, vayamos a comer.

Renuentemente, Ester tomó la mano de su pariente y juntos bajaron al pequeño cuarto en donde habían preparado sus alimentos. Mardoqueo intentó en varias ocasiones platicar de cosas agradables, pero Ester no le contestaba. Sus sentimientos estaban en conflicto uno con otro. Por un lado sentía enojo contra el método cruel del rey para escoger una nueva reina y por otro sentía pesar por su amiga Rebeca. Además sentía temor de que a ella también la forzaran a dejar su casa y llevarla a un lugar desconocido. Durante años, había deseado crecer y tomar su lugar dentro del mundo adulto; en estos momentos sólo deseaba seguir siendo una niña; por lo menos hasta que el rey hubiera escogido a su nueva reina.

Ester siguió haciendo sus labores de siempre durante los días siguientes. Limpiaba la casa, llenaba el cántaro con agua, y se aseguraba que su pariente tuviera comida sana todos los días. Le encantaba ir al mercado, escoger las verduras y discutir con el comerciante sobre el precio. Algunos aparentaban esconderse cuando la veían venir con su canasta. Este juego lo hacían desde que Ester era pequeña e iba con su pariente todos los días al mercado. Ahora venía sola y el juego todavía la divertía.

—José, quiero que me des las mejores verduras que tengas hoy –le dijo, como siempre le decía.

—Entonces tendrás que pagar el precio adecuado –él le contestaba.

El comerciante favorito de Ester colocaba una charola llena de verduras frescas y veía como Ester las seleccionaba.

—Ésta está muy suave; no te pagaré el precio completo –le decía ella autoritaria–. Y está muy pequeña.

—Está bien, está bien –José le sonreía a Ester.

De repente algo hizo que la sonrisa de José desapareciera.

—Ester, te tienes que esconder, ¡enseguida!

Fue demasiado tarde. Antes de que Ester pudiera esconderse, alguien la tomó del brazo y la empujó hacia donde estaba el soldado. Le tiraron su canasta. Había otros soldados, y ya tenían sus espadas listas. Nadie la podía ayudar.

—¡Pariente! –gritó–. ¡Busquen a mi pariente!

José ya iba corriendo hacia el distrito donde Mardoqueo tenía su negocio, muy cerca del palacio del rey. Mientras la arrastraban, Ester buscaba con desesperación a su pariente. Temía que se la llevaran al palacio sin volver a ver a su pariente.

De repente, Mardoqueo salió de entre la gente y le bloqueó el paso a un soldado.

—Déjala ir –demandó–. Es sólo una niña.

Ester se aferró al brazo de su pariente.

—Tal vez para ti sea una niña –le contestaron los soldados–. La prepararemos para que conozca al rey como mujer. Su belleza es obvia, y con la ropa adecuada, se verá hermosa.

El soldado empujó a Ester hacia delante. Ester se abrazaba fuertemente al brazo de Mardoqueo y él caminaba rápido para mantener el paso de los soldados. Mientras Ester caminaba, podía ver las caras familiares de sus vecinos, amigos, y comerciantes.

¿Los volvería a ver? La madre de Rebeca estaba entre la gente, su cara se veía angustiada. Por un momento, Ester se consoló pensando que vería a Rebeca otra vez.

Súbitamente otro soldado levantó su brazo y detuvo a Mardoqueo. Cuando resistió, lo golpearon derribándolo al piso. La distancia entre ellos se hizo cada vez más grande, y ella sabía que nunca la alcanzaría.

—¡Pariente! ¡Pariente!

Pero ya no hubo respuesta.

Capítulo 2

—Oh, Rebeca, tu piel tiene un color tan hermoso –Ester le dijo a su amiga–. La crema nueva que te dio Hegai realmente esta funcionando.

—Gracias Ester –su amiga le contestó–. Hegai esta contento con los resultados. Pero a mí no me importa. ¿Qué importa como se ve mi piel?

Ester suspiró afirmando lo que su amiga decía.

—Lo sé. Hemos estado aquí cuatro años. Pasamos todo el tiempo embelleciéndonos. Y sólo para complacer al rey para que escoja a su reina... y nosotras no queremos ser reinas.

—Yo lo único que quiero es irme a casa –dijo Rebeca–. Nos dan comida especial, perfumes caros, baños de aceite, doncellas especiales que nos atienden. Y todo para nada. Nunca tendremos esposos que aprecien nuestra belleza. Siempre seremos parte del harén del rey, y ni siquiera sabe nuestros nombres.

La conversación fue interrumpida por alguien que tocaba la puerta de Ester.

—Adelante –dijo ella.

Una de sus doncellas entró a la habitación.

—Ester, su pariente está afuera del palacio.

—¿En el mismo lugar? –preguntó Ester, caminando hacia la gran ventana de su cuarto.

—Sí, señora.

Ester cuidadosamente movió la cortina y vio hacia fuera. Durante años, Mardoqueo mantuvo un trabajo que le permitía estar cerca del palacio. Hegai, el sirviente a cargo de las jóvenes que esperaba ser llamado por el rey, demostró mayor interés desde que Ester llegó al palacio. Le dio las mejores habitaciones dentro del palacio y la libertad de caminar por los patios. Si tenía cuidado, hasta podía hablar con Mardoqueo frecuentemente.

Con un aire de despreocupación, Ester se ponía un chal ligero sobre sus hombros y caminaba por el pasillo hacia el patio. Hegai se alarmaba si ella exponía su piel delicada directamente al sol, pero había estado de acuerdo en que el aire fresco le daría color a sus mejillas. Hacía mucho, que lo había convencido que la dejara caminar en el patio, siempre y cuando no fuera bajo el sol.

Ester caminaba alrededor del patio y había seleccionado una banca que estaba debajo de un árbol frondoso junto a un muro alto del palacio. Pronto escuchó la voz de su pariente.

—¿Cómo estás, querida sobrina?

Le dijo Mardoqueo a través de unas piedras en la pared que no estaban unidas. Ester sonrió y contestó:

—Estoy bien, pariente. Estoy feliz de que pudieras venir hoy. Sólo deseo poder ver tu cara en lugar de hablar contigo a través del muro.

—¿Y como está Rebeca? Su madre le envía saludos, besos y abrazos.

—Está nostálgica, pariente. Se quiere ir a su casa. Todas queremos. Pero dile a su madre que Rebeca está bien.

—¿No les has dicho, Ester, que eres judía?

Mardoqueo le preguntaba esto cada vez que hablaban.

—No, pariente, no se los he dicho. Pero todavía no comprendo porque esto debe ser un secreto. Estoy segura que sabían que se estaban llevando a chicas judías cuando nos llevaron.

—No te lo puedo explicar, Ester. Presiento que las cosas no se te facilitarán si se enteran que eres judía.

—Tal vez me dejen ir a casa. Tal vez el rey no quiera una reina judía.

Mardoqueo no respondió enseguida.

—No discutamos. No tenemos tiempo para eso. Debo marcharme. Regresaré otro día.

Ester permaneció sentada en la banca unos minutos, asegurándose que nadie la hubiera visto hablando. Como Mardoqueo estaba fuera de vista, parecía como si ella estuviera hablando sola, y eso llamaría la atención. Satisfecha de que nadie la había visto, Ester se levantó y volvió a caminar alrededor del patio.

Cuando regresó a su habitación, Hegai la estaba esperando en su habitación.

—Te he buscado por todos lados, Ester –le dijo severamente.

El corazón de Ester latía con fuerza. Tal vez, después de todo, alguien la había visto.

—Estaba en la, el, patio, el patio... caminando. Tú me diste permiso.

Hegai movió su cabeza y le dijo:

—No, no es eso, Ester. Te vine a decir que ya es tu turno.

—¿Mi turno? –preguntó.

—Sí. Es tu turno para ir con el rey.

Ahora sentía como si su corazón se hubiera detenido. Nunca pensó que esto sucedería.

—¿Cuándo? –preguntó.

—En tres días –le contestó Hegai–. Puedes llevarte lo que quieras del harén: tu ropa, tus perfumes, y un regalo para el rey. Escoge cuidadosamente, Ester. Eres muy hermosa. Tal vez tú seas la escogida.

Hegai se retiró, y Ester se quedó de pie durante mucho tiempo. Después de estar cuatro años en el harén del rey, hasta Ester llegó a pensar que realmente era una joven hermosa. Pero, ¿sería lo suficiente hermosa como para convertirse en reina? Si la escogieran, ¿podría ver a Mardoqueo libremente?

La puerta se abrió y Rebeca entró corriendo.

—¡Me acabo de enterar! Oh, Ester, ¿qué vas a hacer?

—No estoy segura. Me imagino que debería pedirle a Hegai su consejo. Él ha sido muy bueno conmigo.

Los siguientes tres días estuvieron llenos de actividad tanto para Ester como para Hegai. Rebeca siempre estuvo cerca, tratando de pasar cada momento posible con su amiga. Ester confió en el consejo de Hegai, escogiendo cosas sencillas.

La ropa que seleccionó, favorecía su delicada estructura y el color de su piel. No pretendía ser alguien que no era; ella sólo era una chica bella, y así se presentaría ante el rey.

"Fue, pues, Ester llevada al rey Asuero a su casa real en el mes décimo, que es el mes de Tebet, en el año séptimo de su reinado".

La siguiente mañana, el palacio murmuraba con la noticia de que el rey Asuero haría una declaración. Ester estaba de pie en el patio y subió la vista hacia el balcón en donde aparecería el rey. Los trompeteros reales, levantaron sus instrumentos, y anunciaron la llegada del rey Asuero.

Con una voz fuerte, para que todos escucharan, Asuero simplemente dijo:

—He encontrado a mi reina.

"Hizo luego el rey un gran banquete a todos sus príncipes y siervos, el banquete de Ester; y disminuyó tributos a las provincias, e hizo y dio mercedes conforme a la generosidad real."

Capítulo 3

Mardoqueo se quedó muy quieto y sostuvo el aliento, apenas creyendo lo que estaba escuchando. Tenía su espalda pegada a la pared afuera del palacio, temeroso aún de respirar. Estaba escuchando ciertos comentarios que provenían del patio del palacio en un momento cuando no había mucha gente.

—Hoy a la media noche –dijo una voz–. Entraremos al palacio al final de nuestra jornada y esperaremos el momento para entrar.

Otra voz dijo:

—El cuchillo estará debajo de mi túnica. Cuando empiece a amanecer, la gente empezará a despertarse y se alegrará de que hayamos matado al rey Asuero.

Con mucho cuidado, Mardoqueo volvió a respirar y salió silenciosamente de su escondite. Observo alrededor del muro y vio las espaldas de los dos hombres alejándose mientras sus túnicas se movían con la brisa. A pesar de que susurraron, Mardoqueo creía haber reconocido sus voces, y ahora estaba seguro de quiénes eran. Nunca habían causado problemas; simplemente hacían guardia frente al palacio día tras día, conversando con las personas que pasaban por ahí. Y ahora, estos dos soldados estaban conspirando matar al rey. Montaban guardia bajo las órdenes de Amán, uno de los oficiales de mayor rango del rey. Mardoqueo nunca se había llevado bien con Amán, ni siquiera cuando fueron niños, pero aún así, no podía creer que Amán estuviera involucrado en esta conspiración.

Mardoqueo encontró una banca y se sentó aparentando estar tranquilo mientras pensaba bien las cosas:

¿Qué podría ganar Amán matando al rey? Asuero ya lo había ascendido a un alto nivel. Tal vez Amán no tenía nada que ver con el complot. Si mataban a Asuero, ¿qué sucedería con Ester? Mientras Mardoqueo permanecía sentado, su mente se llenaba de preguntas confusas y esto hacía que no pudiera pensar claramente.

Mardoqueo tomó la decisión de avisarle a Ester. Si se dirigía a Asuero, lo más probable sería que no lo recibiera ni lo escuchara, pero Ester, siendo la nueva reina, sería la única que podría acercarse a Asuero y prevenirlo que su vida corría peligro.

Mardoqueo se apresuró y llegó a la puerta del palacio. Desde que Ester era reina, habían podido verse en el patio donde Ester recibía a muchos visitantes.

A pesar de que estaban rodeados por mucha gente, esto era mejor que estar susurrando a través de la grieta en el muro. Como siempre, fue admitido al patio y enviaron a un sirviente que le avisara a Ester de su llegada.

En cuanto la reina vio a Mardoqueo, sabía que algo terrible sucedía.

—¡Pariente! ¿Qué sucede? –ella lo abrazó alarmada–. ¿Estás enfermo?

—No, Ester, nada de eso. Pero tu esposo corre peligro.

—¿Mi esposo?

Ester no lo podía creer. ¿Qué es lo que su pariente podría saber?

—Escuché a algunos hombres hablando hoy mientras trabajaba. Sé quiénes son, Ester, y están decididos a matar al rey. Son los dos oficiales que hacen guardia en la entrada al palacio. Son Bigtán y Teres.

—¿Qué estás diciendo, pariente?

—¡Lo quieren matar hoy por la noche! Lo tienes que prevenir, Ester, por tu propio bien. Si algo le sucede a Asuero, sinceramente, ¿crees que estarás a salvo?

Mardoqueo le volvió a contar lo que escuchó.

"Y lo denunció a la reina Ester, y Ester lo dijo al rey en nombre de Mardoqueo. Se hizo investigación del asunto, y fue hallado cierto; por tanto, los dos eunucos fueron colgados en una horca. Y fue escrito el caso en el libro de las crónicas del rey".

—¡Mardoqueo! –le grito Amán–. ¿Cómo te atreves?

— Amán, ¿estabas enterado de esto? ¿Estaban estos hombres actuando bajo tus órdenes?

—No sé de lo que estás hablando –le contestó Amán con furia.

Todos se daban cuenta del odio que Amán sentía hacia Mardoqueo.

—Por causa tuya, dos de mis mejores hombres van a ser colgados. Según la reina, fuiste tú el que acusó a los dos guardias. Como te atreves a involucrarte en asuntos que no son tuyos.

Mardoqueo le respondió:

—El bienestar del rey le atañe a cada ciudadano

—¿Por qué siempre aprovechas cualquier oportunidad para causar problemas?

La cara de Amán estaba roja y hablaba muy fuerte. Mardoqueo se mantuvo calmado.

—Simplemente cumplí con mi deber. Si los oficiales son culpables, es su problema. Yo no soy responsable por el castigo que merezcan.

Y se dio la vuelta y empezó a caminar.

—¡Pagarás por esto! –le gritó Amán–. ¡Soy más poderoso de lo que crees!

Mardoqueo le iba a contestar, pero se contuvo. Lo importante era que Ester estaba a salvo. No tenía caso seguir discutiendo con Amán. Sintiendo las miradas de la multitud sobre él, Mardoqueo se empezó a alejar del palacio.

Capítulo 4

"Después de estas cosas el rey Asuero engrandeció a Amán hijo de Hamedata agagueo, y lo honró, y puso su silla sobre todos los príncipes que estaban con él."

—¿Puedes creer que el rey volvió a ascender a Amán? –le dijo José, a Mardoqueo una mañana en el mercado.

—Amán ha sido un oficial muy eficiente –dijo Mardoqueo, tratando de ser amable.

Tenía muchas cosas en su mente y no quería ponerse a discutir en la calle acerca de Amán.

—Mardoqueo, tú sabes, al igual que yo, que Amán está hambriento por tener poder –insistió José–. Dentro de poco, le estará diciendo al rey qué hacer.

Desgraciadamente, lo que decía José era cierto. Mardoqueo nunca entendió porqué Asuero prefería a Amán sobre sus otros oficiales. No había duda de que tenía mucha influencia sobre el rey. Mucha gente creía que él daba órdenes de las que el rey no estaba enterado.

"Y todos los siervos del rey que estaban a la puerta del rey se arrodillaban y se inclinaban ante Amán, porque así lo había mandado el rey; pero Mardoqueo ni se arrodillaba ni se humillaba. Y los siervos del rey que estaban a la puerta preguntaron a Mardoqueo: ¿Por qué traspasas el mandamiento del rey?"

Mardoqueo respondió:

—No me arrodillaré ante Amán.

"Y vio Amán que Mardoqueo ni se arrodillaba ni se humillaba delante de él; y se llenó de ira."

Amán caminaba furioso por los pasillos del palacio pensando cómo castigar a Mardoqueo. —Sería fácil pedirle al rey que cuelguen a Mardoqueo –sugirió uno de sus asistentes–. Sería un ejemplo, en caso de que otros decidieran hacer lo mismo.

—Sí, sí, es una buena idea –respondió Amán.

"Pero tuvo en poco poner mano en Mardoqueo solamente, pues ya le habían declarado cuál era el pueblo de Mardoqueo; y procuró Amán destruir a todos los judíos que había en el reino de Asuero, al pueblo de Mardoqueo".

—¡Es una brillante idea, Señor! Los judíos podrían causarle problemas al rey en cualquier momento. Mardoqueo podría convertirse en su líder. Será mejor destruirlos a todos.

—Estoy seguro de que puedo convencer a Asuero de que los judíos son un peligro –dijo Amán confiadamente–. Sólo debemos decidir cuando.

"Fue echada Pur, esto es, la suerte, delante de Amán, suerte para cada día y cada mes del año; y salió el mes duodécimo, que es el mes de Adar."

—Bien –dijo Amán con satisfacción–. Esto nos dará bastante tiempo para persuadir al rey y para hacer todos los arreglos. Tenemos que estar seguros que todo esté perfecto.

Continuaron con sus intrigas durante varios días hasta que Amán decidió lo que le diría exactamente al rey Asuero.

En cuanto se le presentó la oportunidad, Amán habló con Asuero. Y dijo Amán al rey Asuero:

"Hay un pueblo esparcido y distribuido entre los pueblos en todas las provincias de tu reino, y sus leyes son diferentes de las de todo pueblo, y no guardan las leyes del rey, y al rey nada le beneficia el dejarlos vivir."

Amán hizo una pausa, para ver la reacción del rey.

—Continúa –le dijo el rey.

"Si place al rey, decrete que sean destruidos; y yo pesaré diez mil talentos de plata a los que manejan la hacienda, para que sean traídos a los tesoros del rey. Entonces el rey quitó el anillo de su mano, y lo dio a Amán hijo de Hamedata agagueo, enemigo de los judíos, y le dijo: La plata que ofreces sea para ti, y asimismo el pueblo, para que hagas de él lo que bien te pareciere."

Emocionado, Amán regresó a su habitación en donde sus asistentes los esperaban.

—Fue más fácil de lo que me imaginé –les dijo.

Se quitó el anillo y lo sostuvo para que ellos lo vieran.

—Tenemos justo lo que queríamos, y no nos costará nada. Ahora, ¡vamos a organizarnos!

"Entonces fueron llamados los escribanos del rey en el mes primero, al día trece del mismo, y fue escrito conforme a todo lo que mandó Amán, a los sátrapas del rey, a los capitanes que estaban sobre cada provincia y a los príncipes de cada pueblo, a cada provincia según su escritura, y a cada pueblo según su lengua; en nombre del rey Asuero fue escrito, y sellado con el anillo del rey. Y fueron enviadas cartas por medio de correos a todas las provincias del rey, con la orden de destruir, matar y exterminar a todos los judíos, jóvenes y ancianos, niños y mujeres, en un mismo día, en el día trece del mes duodécimo, que es el mes de Adar, y de apoderarse de sus bienes. La copia del escrito que se dio por mandamiento en cada provincia fue publicada a todos los pueblos, a fin de que estuvieran listos para aquel día. Y salieron los correos prontamente por mandato del rey, y el edicto fue dado en Susa capital del reino. Y el rey y Amán se sentaron a beber; pero la ciudad de Susa estaba conmovida."

Amán ya había decidido cómo se iba a encargar personalmente de asegurarse que mataran a Mardoqueo. Una vez más, alzó el anillo real regocijándose mientras brillaba en la luz.

Capítulo 5

La multitud que se reunía en las calles, crecía y crecía mientras más y más gente se detenía a ver al viejo romperse sus ropas llorando fuerte y amargamente.

"Luego que supo Mardoqueo todo lo que se había hecho, rasgó sus vestidos, se vistió de saco y, cubierto de ceniza, se fue por la ciudad clamando con grande y amargo clamor."

Alguien preguntó:

—¿Qué está haciendo?

—Es Judío –alguien respondió–. Me imagino que es una costumbre chistosa que tienen.

La gente se burlaba del hombre extraño, que no se daba cuenta de toda la gente que tenía a su alrededor.

—Creo que tiene algo que ver con el decreto del rey sobre los judíos –alguien comentó–. Yo vi a otros judíos comportándose de esta manera, pero por lo menos lo hicieron dentro de sus casas en lugar de hacer todo un espectáculo en la calle.

José, abriéndose paso a codazos entre la multitud, por fin pudo ver lo que sucedía. Suspiró cuando vio de quién se trataba.

—Mardoqueo –gritó, sin darse cuenta de lo que estaba haciendo.

—José, ¿no estás enterado de los mandatos del rey? ¿Cómo puedes seguir vendiendo verduras en el mercado cuando Amán está planeando destruir a nuestra gente? –le dijo Mardoqueo mientras continuaba rompiéndose su túnica y lloraba con dolor.

José se la acercó a Mardoqueo.

—Por favor, amigo, ¿por qué no nos vamos a otro lugar y hablamos sobre esto?

José hablaba en voz baja. No quería apenarse, pero no podía abandonar a su viejo amigo en la calle. Mardoqueo empujó a José.

—¡Aléjate! –le gritó–. Si no sientes el horror del crimen que se está cometiendo contra nuestra gente, entonces no eres mi amigo.

Mardoqueo empezó a caminar hacia la puerta del palacio. Algunas de las personas perdieron interés y se alejaron, pero muchos siguieron a Mardoqueo, aún divertidos por su comportamiento. José siguió caminando entre la multitud, tratando desesperadamente en idear algo para detener a Mardoqueo antes de que se metiera en problemas.

Mientras se acercaban al palacio, algunos de los guardias y sirvientes salieron a ver. Por fin José reconoció a alguien.

—Por favor, date prisa y dile a la reina que su pariente está casi desnudo en la calle. Tal vez ella lo haga entrar en razón.

"Y vinieron las doncellas de Ester, y sus eunucos, y se lo dijeron. Entonces la reina tuvo gran dolor, y envió vestidos para hacer vestir a Mardoqueo, y hacerle quitar el cilicio; mas él no los aceptó. Entonces Ester llamó a Hatac, uno de los eunucos del rey, que él había puesto al servicio de ella, y lo mandó a Mardoqueo, con orden de saber qué sucedía, y por qué estaba así. Salió, pues, Hatac a ver a Mardoqueo, a la plaza de la ciudad, que estaba delante de la puerta del rey. Y Mardoqueo le declaró todo lo que le había acontecido, y le dio noticia de la plata que Amán había dicho que pesaría para los tesoros del rey a cambio de la destrucción de los judíos. Le dio también la copia del decreto que había sido dado en Susa para que fuesen destruidos, a fin de que la mostrase a Ester y se lo declarase, y le encargara que fuese ante el rey a suplicarle y a interceder delante de él por su pueblo."

Vino Hatac y contó a Ester las palabras de Mardoqueo.

—¿Por qué está mi pariente tan alterado?

—Es la nueva ley del rey –le dijo el sirviente humildemente.

—¿Cuál ley? El rey hace leyes todos los días. ¿Qué tiene de especial ésta?

—Tu pariente dice que Amán ha organizado un plan para destruir a todo el pueblo judío, y el rey ha dado su consentimiento.

—¿Destruir al pueblo judío? ¿Por qué habrá dado mi esposo tal orden? Los judíos no han causado problemas a su reino.

—No sabría decirle. Pero el decreto ha sido sellado con el anillo real y ha sido enviado a todas las provincias. Mardoqueo tiene una copia. Yo la he visto. En cierto día, será legal matar a los judíos y apoderarse de sus bienes.

Por fin Ester comprendió el dolor de su pariente. Cuatro años habían pasado desde que era reina, y aún Asuero no sabía que ella era judía. De haberlo sabido, ¿habría influido en su decisión? Seguramente estaría a salvo dentro del palacio, pero, ¿qué sucedería con Mardoqueo? Ella sabía que Amán odiaba a su pariente. Definitivamente, la vida de su pariente corría peligro.

Entonces Ester dijo a Hatac que le dijera a Mardoqueo:

"Todos los siervos del rey, y el pueblo de las provincias del rey, saben que cualquier hombre o mujer que entra en el patio interior para ver al rey, sin ser llamado, una sola ley hay respecto a él: ha de morir; salvo aquel a quien el rey extendiere el cetro de oro, el cual vivirá; y yo no he sido llamada para ver al rey estos treinta días."

Ester tenía miedo y estaba desesperada. Tal vez Mardoqueo tenía razón; tal vez ella era la única esperanza que los judíos tenían. Pero, ¿cómo les podría ayudar si la mataban?

—¡Debe existir alguna otra manera! ¡Dile a Mardoqueo que no puedo ir con el rey!

Capítulo 6

Mardoqueo subió la vista y vio a Ester asomándose por la ventana. No había duda de que se había convertido en una hermosa mujer, como el siempre se lo imaginó. Durante cuatro años había estado triste por su separación y porque Ester no podía disfrutar una vida normal junto a su gente. Asuero pudo haberse casado con cualquier mujer Persa. Mardoqueo nunca entendió porque se habían llevado a jóvenes judías para escoger a la nueva reina. Pero ahora, tal vez esta era la razón por la cual Ester había sido escogida como reina. Tal vez Dios la había escogido y no Asuero.

A pesar de que ella era la reina y vivía dentro del palacio, por lo general Ester no sabía mucho sobre los asuntos del rey, sobre todo cuando Amán estaba involucrado. Por lo que realmente era probable que ella no supiera nada sobre la nueva ley y la razón por la que Mardoqueo lloró en la calle. Cuando se enterara de lo que decía el decreto que él apretaba en su mano, seguramente ella estaría tan enojada como él. A pesar de que Ester no había vivido con los judíos por más de ocho años, Mardoqueo no podía creer que Ester les fuera a dar la espalda. Cuando comprendiera la seriedad de las circunstancias, ella haría todo lo posible para salvar a su propia gente.

Cuando Hatac regresó con el mensaje de Ester diciendo que no podía ir con el rey, Mardoqueo escuchó cuidadosamente y después levantó su vista hacia la ventana de Ester con incredulidad y muy desilusionado. Por un momento lo embargó un sentimiento de impotencia y de tristeza. Ester había permitido que su propio miedo le robara el valor que necesitaba para enfrentarse a este reto. Pero Mardoqueo no se daría por vencido.

—Tengo otro mensaje para la reina, Hatac. Escucha cuidadosamente, y dale este mensaje exactamente:

“No te imagines que por estar en la casa del rey te vas a librar tú sola más que cualquier otro judío. Porque si callas absolutamente en este tiempo, vendrá de alguna otra parte respiro y liberación para los judíos; más tú y la casa de tu padre perecerán. ¿Y quién sabe si para una ocasión como ésta has llegado a ser reina?"

—¿Qué quiere decir, Hatac? –Ester exigió cuando recibió el mensaje de Mardoqueo.

—No me toca a mí decirlo. Le he dado el mensaje exactamente como me lo dieron a mí. No puedo hacer más.

—Por supuesto. Por favor espera afuera. Te llamaré cuando haya preparado mi respuesta a mi pariente.

Ester se quedó sola en su habitación. Vio el lujo que la rodeaba: tenía más ropa de la que necesitaba, los perfumes más caros, cremas para mantenerla joven y hermosa, hermosos muebles para descansar y comer, charolas llenas de magnífica comida que los sirvientes le llevaban todos los días. Cortinas pesadas bordadas con hilos de oro que adornaban sus ventanas. Dormía sobre camas llenas de plumas suaves y cubiertas con las mejores telas. Si se le ofrecía algo, sólo tenía que tocar una campana y un sirviente se aparecía enseguida para satisfacer su deseo. Todos la respetaban y la honraban en el palacio.

Sin embargo, el mensaje de Mardoqueo le daba a entender que ella tampoco estaría segura dentro del palacio. Por supuesto, tenía razón.

A pesar de que el rey no sabía que ella era judía, muchos otros sí lo sabían. ¿Cómo podría estar segura de sobrevivir si se llevaba a cabo el decreto?

Se dio cuenta de que no tenía nada que perder si se dirigía al rey. Tal vez ordenaría que la mataran, pero seguramente, de todas maneras perdería su vida dentro de unos meses. Y si él le extendía el cetro de oro, podría encontrar alguna manera de ayudar a su gente. Tal vez ahora era el momento de decirle a Asuero que ella estaba dentro de la gente que él había ordenado matar. Tenía mucho por ganar y poco por perder; para ella y para su pueblo. Se dio la vuelta y llamó a Hatac. —¡Hatac! ¡Hatac!

Su sirviente apareció inmediatamente, listo para hacer lo que le pidiera.

—Dile a Mardoqueo esto –dijo triunfantemente–:

"Ve y reúne a todos los judíos que se hallan en Susa, y ayunen por mí, y no coman, ni beban en tres días, noche y día; yo también con mis doncellas ayunaré igualmente, y entonces entraré a ver al rey, aunque no sea conforma a la ley; y si perezco, que perezca."

Ester corrió hacia la ventana y vio como entregaban su mensaje. Una sonrisa cubrió la cara de Mardoqueo, y después se llenó de preocupación. La volteó a ver con orgullo y gratitud. Entonces ella se dio cuenta que había tomado la decisión correcta.

Tal y como dijo, durante tres días y tres noches, Ester y sus doncellas y todos los judíos en la ciudad de Susa no comieron ni bebieron. Oraron constantemente por Ester y el reto el que habría de enfrentarse. Todos entendían lo importante que era para todos ellos el que su reina intercediera por ellos.

Ester tuvo muchos momentos de duda y temor. Más de una vez, estuvo a punto de enviarle un mensaje a Mardoqueo diciendo que no podía llevar a cabo su promesa. Cuando dormía, soñaba con el momento en que se acercaría al rey. En ocasiones, en su sueño, él levantaba el cetro de oro; y en otras ocasiones, no lo hacía, y se despertaba gritando aterrorizada. Durante el día Ester se sentaba en su ventana alta viendo hacia la calle. Ya no conocía a mucha gente, pero sabía que muchos de ellos eran judíos y que sus vidas corrían peligro.

Oró ardua e intensivamente por valor y fuerza.

En la tercera mañana, Ester se vistió cuidadosamente. Planeo ese día detalladamente. El momento había llegado y dio las gracias por su exquisita belleza. Tal vez sería su belleza la que haría que el rey le diera el cetro de oro y aceptara su presencia aún cuando él no la había llamado. Se puso sus mejores ropas y usó el perfume favorito de Asuero.

Temblando con cada paso que daba, caminó a través del palacio y se detuvo en el patio interior, en donde el rey Asuero se sentaba en su trono.

El simple hecho de estar ahí parada, era peligroso; no podía arriesgarse a hablar. Tendría que esperar hasta que él levantara la vista y la viera parada ahí y esperar que su presencia le agradara a él.

Ester trató de sonreír y verse relajada, pero su mirada estaba fija en el cetro de oro que se encontraba a un lado del rey. Se asustó cuando el rey levantó la vista y habló.

—¡Reina Ester! No recuerdo haberte llamado.

Ester seguía viendo el cetro de oro. No se movió.

Capítulo 7

"Aconteció que al tercer día se vistió Ester su vestido real, y entró en el patio interior de la casa del rey, enfrente del aposento del rey; y estaba el rey sentado en su trono en el aposento real, enfrente de la puerta del aposento. Y cuando vio a la reina Ester que estaba en el patio, ella obtuvo gracia ante sus ojos; y el rey extendió a Ester el cetro de oro que tenía en la mano. Entonces vino Ester y tocó la punta del cetro. Dijo el rey: ¿Qué tienes, reina Ester, y cuál es tu petición? Hasta la mitad del reino se te dará".

Asuero había pronunciado esas palabras anteriormente durante los cuatro años que habían estado casados. Ella nunca le había pedido nada, ¡y mucho menos su reino! Durante los tres días de ayuno y oración, ella se había imaginado esta situación. ¿Qué le diría al rey?

¿Sería este el momento adecuado para revelarle que ella era judía? ¿Tendría que arrodillarse y pedirle clemencia? Ella había planeado lo que le diría, pero en ese momento lo único que quería hacer era correr a su habitación.

Y Ester dijo:

"Si place al rey, vengan hoy el rey y Amán al banquete que he preparado para el rey. Respondió el rey: Dense prisa, llamen a Amán, para hacer lo que Ester ha dicho."

Vino, pues, el rey con Amán al banquete que Ester dispuso.

El rey se levantó y ofreció su brazo a Ester. Ella le sonrió y puso su mano sobre su brazo, y salieron juntos del salón del trono.

Cuando entraron al salón de banquetes, la reina una vez más sostuvo el aliento esperando la reacción del rey. Planeó un elaborado banquete con finas carnes, pan fresco, frutas jugosas y verduras crujientes. Había comida para más de tres personas. Los colores y la textura de los alimentos se mezclaban perfectamente. Tres sillones cubiertos con seda en colores regios se colocaron frente a la mesa para que Asuero, Amán y Ester disfrutaran de los alimentos. Una docena de sirvientes estaban de pie listos para servirles en platos de oro y en las copas para el vino.

Y dijo el rey a Ester en el banquete, mientras bebían vino:

—¿Cuál es tu petición? Aunque sea la mitad del reino, te será concedida.

Entonces respondió Ester y dijo:

—Mi petición y mi deseo es este: Si he hallado gracia ante los ojos del rey, y si place al rey acceder a mi petición y cumplir mi deseo, que venga el rey con Amán a otro banquete que les prepararé; y mañana haré conforme a lo que el rey me pide.

Ester sonrió aliviada y se relajó. Cuando Amán entró, se sentía segura que su plan funcionaría. Complacería al rey en todo lo que pudiera, aun incluyendo a Amán, y entonces haría su petición favoreciendo a su pueblo.

Los tres festejaron durante casi tres horas. Los sirvientes les llevaban platos frescos de comida continuamente y el vino lo servían libremente. Asuero y Amán platicaron sobre asuntos de negocios, mientras que Ester sonreía y se aseguraba que el rey estuviera contento.

Ester estuvo alerta para escuchar cualquier mención sobre el cruel plan de Amán en contra de los judíos, pero nunca se mencionó. Amán veía a Ester en una forma extraña, pero esto no la incomodó, pero no podía evitar preguntarse en qué estaría pensando. ¿Acaso estaba planeando como la mataría junto con Mardoqueo? ¿Sospecharía la razón por la cual ella lo había invitado a este banquete especial?

—Reina Ester, este ha sido un maravilloso banquete, y será un honor regresar a deleitarme con el banquete de mañana.

Los dos hombres salieron del salón de banquetes. Ester suspiró y se dejó caer sobre el sillón. A pesar de que la habitación estaba cálida, ella temblaba. ¿Qué sucedería si el rey cambia de parecer? ¿Habría perdido su oportunidad para hablar con el rey?

Ester no dejó que sus pensamientos la afligieran. Le había prometido a Mardoqueo que hablaría con el rey, y así lo haría. Ella sabía que era la única persona dentro del palacio que podía ayudar a los judíos.

Se levantó y llamó a los sirvientes a su habitación.

—Tendremos otro banquete mañana para el rey –les dijo–. Será mejor que el de hoy, con la comida favorita del rey. Yo seleccionaré la comida. Tendremos a los músicos reales y tocarán las melodías favoritas del rey. Si el rey desea bailar, bailaremos.

El resto del día lo pasó planeando el segundo banquete. Al terminar, se retiró a su habitación. Se asomó por su ventana pues hacía tres días que no veía a Mardoqueo. Cómo añoraba los días cuando ella era pequeña y podía estar con su pariente.

Las calles estaban quietas al final del día. Ester pensó en su pequeña calle en la parte judía de la ciudad y deseaba poder caminar libremente de casa en casa con su amiga Rebeca. Pero esos días ya no existían. Ester empezó a comprender que había una razón cuando se la llevaron esa mañana hacía ocho años.

Capítulo 8

Y salió Amán aquel día contento y alegre de corazón; pero cuando vio a Mardoqueo a la puerta del palacio del rey, que no se levantaba ni se movía de su lugar, se llenó de ira contra Mardoqueo.

Enseguida se le desapareció el buen humor a Amán. Mardoqueo levantó sus ojos y siguió caminando sin prestarle atención a Amán. Amán se contuvo y no dijo nada. El decreto del rey ya se había enviado a todas las provincias, y en unos cuantos meses, Amán tendría su venganza.

Amán vino a su casa, y mandó llamar a sus amigos y a Zeres su mujer, y les habló de su gloria, de sus riquezas, de sus muchos hijos y de todas las cosas con que el rey le había engrandecido, y con que le había honrado sobre los príncipes y siervos del rey. Y añadió Amán:

—Asimismo la reina Ester a ninguno ha hecho venir con el rey al banquete que ella dispuso, sino a mí; y también para mañana estoy convidado por ella con el rey. Pero todo esto de nada me sirve cada vez que veo al judío Mardoqueo sentado a la puerta del rey.

Y le dijo Zeres su mujer y todos sus amigos:

—Hagan una horca de veintitrés metros de altura, y mañana di al rey que cuelguen a Mardoqueo en ella; y entra alegre con el rey al banquete.

Y agradó esto a los ojos de Amán, e hizo preparar la horca.

—Has trabajado arduamente –le dijo Zeres–. Te mereces todo el honor que recibes.

—Hasta el rey me ha confiado el sello de su anillo. Tengo la autoridad de declarar las leyes en su nombre.

—Amán, te conozco desde hace mucho años –le dijo uno de sus amigos–. Siempre has sido justo. El rey ha sido sabio en confiar en ti. Ha sido justo que el rey ordenara que los oficiales te honraran.

La cara de Amán se llenó de satisfacción.

—Ustedes son verdaderos amigos y tú eres una esposa fiel. Haré lo que me han sugerido. Por favor, entren y cenen lo que ha preparado mi esposa. Voy a supervisar todos los detalles de la horca, y me reuniré más tarde con ustedes.

Capítulo 9

Asuero no podía dormir.

Acomodaba las almohadas, aventó los cobertores, se movió de un lado a otro; nada le funcionaba. Simplemente, no podía dormir esa noche. Tal vez se debía a la cena que Ester había preparado. El hecho es que no podía dormir. Frustrado llamó a su personal para que lo atendieran.

El sirviente entró con una lámpara en su mano.

—¿Qué es lo que desea?

—No puedo dormir. Tráeme el libro de las memorias y crónicas, y léanlas en mi presencia.

El servidor leyó por horas y horas a pesar de que le costaba mantenerse despierto. El rey no daba señas de dormirse, así que continuó leyendo. Entonces hallaron escrito que Mardoqueo había denunciado el complot de Bigtán y de Teres, dos eunucos del rey de la guardia de la puerta, que habían procurado poner sus manos sobre el rey Asuero.

El rey estaba sentado, muy despierto. Se le había olvidado por completo ese incidente. Mientras su servidor continuó leyendo sobre otro tema, el rey Asuero lo interrumpió.

—¿Qué honra o qué distinción se hizo a Mardoqueo por esto?

Y respondieron los servidores del rey, sus oficiales:

—Nada se ha hecho en su favor.

Asuero se levantó de la cama y caminó hacia la ventana. Ya empezaba a amanecer.

—¿Quién estará en el patio esta mañana?

Y los servidores del rey le respondieron:

—He aquí, Amán está en el patio.

Y el rey dijo:

—Que entre.

Amán entró rápidamente, contento de que el rey lo hubiera aceptado tan temprano por la mañana en su aposento real.

—Amán –le dijo Asuero–, ¿qué se hará al hombre cuya honra desea el rey?

Por supuesto, se refiere a mí, pensó Amán. *Esperaré para hablarle sobre Mardoqueo en otra ocasión.*

Pensó cuidadosamente antes de hablar. Tal vez si le pedía otra cosa que no fuera dinero, esto agradaría al rey. Entonces, en voz alta Amán dijo al rey:

—Para el varón cuya honra desea el rey, traigan un traje real que el rey se haya vestido, y el caballo en que el rey cabalga, y la corona real que estuvo puesta en su cabeza; y den el vestido y el caballo en mano de alguno de los príncipes más nobles del rey, y vistan a aquel varón cuya honra desea el rey, y llévenlo en el caballo por la plaza de la ciudad, y pregonen delante de él: "Así se trata al hombre a quién el rey desea honrar".

Amán, ya se imaginaba en el caballo real, y en el traje real que el rey había usado. Por un momento, se había olvidado sobre Mardoqueo y disfrutaba del honor que el rey pensaba otorgarle. Entonces el rey dijo a Amán:

—Date prisa, toma el vestido y el caballo, como has dicho, y hazlo así con el judío Mardoqueo, que se sienta a la puerta real; no omitas nada de todo lo que has dicho.

Amán no supo que contestar.

—Sí, mi rey.

El solo hecho de pensar que tendría que honrar a Mardoqueo, lo enfermaba. Se preguntaba qué había hecho para que el rey lo humillara de esta manera. Asuero suspiró satisfecho.

—He estado despierto toda la noche, Amán, pero creo que ahora podré dormir. No olvides el banquete de la reina. Te veré ahí.

Amán se retiró. Pero había muchos testigos que escucharon la orden del rey. Amán no tenía más remedio que llevar a cabo el plan que pensaba iba a ser para él. Enojado, Amán tomó el vestido y el caballo, y fue a donde estaba Mardoqueo.

Una multitud se reunió al ver la escena inusual de Amán parado ante Mardoqueo con uno de los caballos del rey. Amán escuchó que alguien se reía, pero no volteó a ver quién era.

—El caballo es tuyo, Mardoqueo, al igual que la ropa real que el rey Asuero te envió para que la uses.

—¿Es esto una broma, Amán? –le preguntó Mardoqueo–. ¿Por qué querría el rey enviarme un caballo y su ropa para que yo la use? Nunca he hablado con él.

—Aparentemente, piensa que le salvaste la vida –le contestó Amán.

—Así fue –dijo Mardoqueo–. El rey desea honrarte por lo que hiciste, le dijo Amán con dificultad.

Mardoqueo aún no sabía que creer. Después de dudar un poco, caminó hacia delante y dejó que Amán le pusiera la túnica y le ayudara a subir al caballo. Para sorpresa de Mardoqueo, el propio Amán jaló las riendas del caballo, llevándolo hacia las calles. Por cada cuadra que pasaba, gritaba: —Así se trata al hombre a quien el rey desea honrar.

Una gran multitud se reunió en cada esquina. Todos sabían del odio que ambos hombres sentían el uno por el otro. Después de esto Mardoqueo volvió a la puerta real, y Amán se dio prisa para irse a su casa, apesadumbrado y cubierta su cabeza.

—¿Qué sucede, Amán? –preguntó Zeres, alarmada de ver a su esposo a esa hora del día en su casa–. ¡Te ves horrible! ¿Qué te sucedió?

—Amán, querido amigo –dijeron sus invitados–, estás cubierto de polvo y sudor. ¿Qué es lo que has estado haciendo?

Contó luego Amán a Zeres su mujer y a todos sus amigos, todo lo que le había acontecido. Entonces le dijeron sus sabios, y Zeres su mujer:

—Si de la descendencia de los judíos es ese Mardoqueo delante de quién has comenzado a caer, no lo vencerás, sino que caerás por cierto delante de él.

—He sido un tonto, ¡creí que se refería a mí! Creí que quería honrarme aún más, por eso sugerí lo de la ropa real y del caballo real. Después, me enteré, ¡qué se refería a Mardoqueo! Yo fui a ver al rey temprano para decirle que quería colgar a Mardoqueo por no honrarme. Y en lugar de esto, el rey me ordenó que honrara a Mardoqueo llevándolo por las calles en el caballo real. Toda la ciudad me vio. ¡Estoy arruinado!

Con tristeza Zeres le dijo:

—Has sido humillado públicamente por un judío. Si le hubieras dicho antes al rey sobre Mardoqueo, esto no habría sucedido.

Amán, Zeres y sus amigos se sentaron todos el silencio compartiendo la vergüenza que sentía el oficial. Después de un tiempo, los interrumpió un sirviente.

—Dime –dijo Zeres.

—Un sirviente del rey ha venido para recordarle a Amán del banquete de la reina.

Amán una vez más escondió su rostro en sus manos.

Capítulo 10

Ester ya estaba lista para recibir a Amán y a Asuero para que entraran al salón de banquetes. Había dormido poco la noche anterior. Estuvo orando horas pidiéndole a Dios valor y misericordia. Aún nerviosa, por lo que tendría que enfrentar, ahora se sentía con más valor desde que se comprometió a este plan.

Caminó por los pasillos inspeccionando los preparativos y quedó muy satisfecha. Los platos de oro y las copas para el vino brillaban en la luz que entraba por la ventana. Flores frescas del jardín adornaban las mesas. La comida había sido preparada a la perfección. Ella se aseguró que todo estuviera como al rey le gustaba. Los músicos estaban listos para que cuando entrara el rey tocaran su música favorita.

Cuando llegó Amán, Ester pensó que se veía muy cansado. Ella no estaba enterada de la humillación por la que había pasado esa mañana, pero presintió que algo andaba mal. Parecía como si estuviera ansioso por complacer al rey, pero Ester se dio cuenta que su sonrisa no era sincera. Ayer se veía contento y orgulloso. Hoy, actuaba muy nervioso y desanimado.

Todo iba marchando bien. El rey se veía contento con todo lo que ella había seleccionado. Asuero y Amán bromearon y rieron juntos, y el rey le sonrió a su esposa mientras pasaban toda la tarde comiendo. Ester estaba nerviosa. Amán actuaba un poco raro, pero no dejó que esto la distrajera. El banquete tenía un propósito y ella lo tenía que recordar a cada momento.

Al final de la comida, cuando ya nadie podía seguir comiendo, el rey pidió que le sirvieran más vino y se acomodó en su sillón.

El rey dijo a Ester:

—¿Cuál es tu petición, reina Ester, y te será concedida? ¿Cuál es tu deseo? Aunque sea la mitad del reino, te será otorgada.

Ester sabía que había llegado el momento; ya no lo podía demorar. Todo había salido según el plan y oró para que lo que iba a decir, el rey lo recibiera bien. Entonces la reina Ester respondió:

—Oh rey, si he hallado gracia en tus ojos y si al rey le place, séame dada vida. Ésta es mi petición, y la de mi pueblo, éste es mi deseo: Porque hemos sido vendidos, yo y mi pueblo para ser destruidos, para ser muertos y exterminados. Si para siervos y siervas fuéramos vendidos, me callaría; pero nuestra muerte sería para el rey un daño irreparable.

Respondió el rey Asuero, y dijo a la reina Ester:

—¿Quién es, y dónde está, el que ha ensoberbecido su corazón para hacer esto?

Ester dijo:

—El enemigo y adversario es este malvado Amán.

Entonces se turbó Amán delante del rey y de la reina.

—¿Los judíos, Amán? –gritó Asuero–. ¿Quieres destruir a los judíos? Tú me dijiste que esta gente sería una amenaza a mi trono. ¡Pero los judíos no son una amenaza!

Amán estaba visiblemente aterrorizado. El también, estaba sentado en el borde del sillón. Tartamudeo mientras empezó a hablar.

—Yo… yo… sólo estaba tratando de hacer lo mejor para el reino, su majestad.

—¡Me engañaste! Usaste el anillo real para tus propios propósitos, y ahora esta terrible idea tuya se ha hecho ley.

Ester nunca había visto al rey tan enojado. Sus gritos se escuchaban a través del salón de banquetes. Los sirvientes, quienes habían estado limpiando la mesa, ahora que quedaron muy quietos mientras veían al rey. Asuero le pegó a la mesa y dejó caer su copa de vino con fuerza sobre la mesa. Luego el rey se levantó del banquete encendido en ira, y se fue al huerto del palacio.

Por un largo tiempo, Ester y Amán se miraron mientras una docena de empleados los veían. Nadie se movía en la habitación.

Animada por el enojo del rey, Ester se sentía valerosa. Enderezó sus hombros y empezó a hablar con confianza.

—Creo que nuestro banquete ha terminado, Amán. Puede retirarse. Estoy segura que el rey lo llamará cuando esté listo para verlo.

Amán se quedó para suplicarle a Ester por su vida; porque vio que estaba resuelto para él el mal de parte del rey.

—Permita que le explique…

Ester vio a Amán sin compasión.

—Yo sé que usted odia a mi pariente, Amán, usted odia a mi pueblo, aún a mí. ¿Cómo puede pedirme misericordia?

Después el rey volvió del huerto y Amán se había dejado caer sobre el diván en que se hallaba Ester. Entonces dijo el rey:

—¿Querrás también lastimar a la reina en mi propia casa?

A una orden del rey, le cubrieron el rostro a Amán.

Y dijo Harbona, uno de los eunucos que servían al rey:

—He aquí, en casa de Amán hay una horca de veintitrés metros de altura que hizo Amán para Mardoqueo, el cual habló para bien del rey.

Entonces el rey dijo:

—Cuélguenlo en ella.

Así colgaron a Amán en la horca que él había hecho preparar para Mardoqueo; y se apaciguó la ira del rey.

Capítulo 11

—¡Lo logré, pariente! ¡Lo logré! –Ester corrió emocionada hacia los brazos de Mardoqueo como si fuera una niña–. Amán ya no te causará más problemas. Ahora que el rey sabe que eres mi pariente, serás bienvenido al palacio cuando tú quieras venir.

Mardoqueo se rió al ver a Ester tan emocionada.

—¡Estoy muy orgulloso de mi hermosa sobrina! Siempre tuve confianza que harías lo correcto.

Se sentaron juntos en el jardín del palacio, uno de los lugares favoritos de Ester. A Mardoqueo nunca se le había permitido entrar a estar parte del palacio. Realmente era hermoso.

Ester reclinó su cabeza sobre el hombro de su pariente.

—Estoy feliz que todo haya terminado. No estaba segura de poder seguir adelante. ¡El sólo con estar en el mismo lugar con Amán me ponía nerviosa!

—Mi querida sobrina, hiciste un magnífico trabajo –le dijo Mardoqueo–. Sin tu valor, nuestra gente estaría sin esperanza. Pero la prueba no ha terminado. Apenas ha empezado.

Ester se le quedó viendo a su pariente y le dijo:

—¿Qué quieres decir, pariente?

Mardoqueo hablo calmadamente.

—Ester, tú has crecido bajo las leyes persas. Estoy seguro que conoces la naturaleza de las leyes persas.

Por un momento Ester no pronunció palabra. Después recordó lo que su pariente le había dicho: —Una vez que un decreto se hace ley, no puede ser revocado.

—Eso es correcto –dijo con tristeza Mardoqueo–. Amán habrá muerto, pero sus planes siguen siendo ley. Nuestra gente sigue en peligro.

—Pero yo hablé con el rey... –protestó Ester.

Mardoqueo la interrumpió.

—Aun el rey no puede revocar una ley.

—Entonces, ¿qué podemos hacer? –preguntó Ester desesperada.

—Debes hablar con el rey otra vez Ester.

—¿Con qué objeto, pariente?

—El rey no puede cambiar la ley, pero puede hacer un nuevo decreto que nos permita defendernos.

—Aun así, de todas formas habrá mucho derramamiento de sangre judía.

—Tal vez. Pero podría ser que al saber que estamos preparados para defendernos podría desalentar a nuestros enemigos de hacer los deseos de Amán.

—Eres muy sabio, pariente. El porqué mi esposo decidió ascender a Amán y no a ti, es algo que nunca voy a comprender.

Mardoqueo sonrió.

—Y tú eres muy dulce. Pero debemos encontrar la manera de hablar con el rey. ¿Crees que te llamará pronto?"

—No lo sé. Después de lo que sucedió con Amán, tal vez no quiera volver a verme.

—Mi reina –dijo la voz de unos de los sirvientes.

Ester volteó tu cabeza.

—Dime

—El rey desea verla en el patio interior. Pide que su pariente vaya también.

—Esta es nuestra oportunidad –dijo Mardoqueo–. No sería adecuado que yo le hable al rey sobre este asunto, pero tal vez escuche a la reina.

En su trono, Asuero recibió a Ester y a Mardoqueo cariñosamente.

—No se alarmen. Deseo darle la bienvenida y honrarlo por sus actos.

Mardoqueo se inclinó ante el rey.

—Es un honor estar ante su presencia. Permítame expresarle mi gratitud por la ropa real y el caballo real que me fueron presentados hoy.

—Qué día tan maravilloso y terrible hemos tenido hoy –dijo el rey–. Por la mañana, Mardoqueo fue honrado porque me salvó la vida. Por la tarde, Amán mi oficial de mayor confianza, fue colgado porque deseaba destruir a su gente.

El rey se dirigió a Ester.

—Creo que sería adecuado que te quedes con la casa de Amán, reina Ester. Esto representa una buena cantidad de dinero. Estoy seguro que encontrarás un buen uso para ella.

—Gracias su majestad. Si place al rey, deseo que mi pariente se encargue del dinero. Él es más sabio y sabrá que hacer.

—Muy bien. Haré los arreglos necesarios. –Entonces Asuero se dirigió a Mardoqueo–. Tengo otra cosa para ti, Mardoqueo, algo mucho más significativo que el caballo o la túnica.

Y se quitó el rey el anillo que recogió de Amán, y lo dio a Mardoqueo. Y Ester puso a Mardoqueo sobre la casa de Amán.

Una vez más, Mardoqueo se inclinó ante el rey. No podía creer que el rey hubiera hecho esto. Mientras Mardoqueo se levantaba volteó a ver a Ester y con su mirada le dio a entender a Ester que ese era el momento de hablar con el rey sobre el decreto.

"Volvió luego Ester a hablar delante del rey, y se echó a sus pies, llorando y rogándole que hiciese nula la maldad de Amán agagueo y su designio que había tramado contra los judíos".

Entonces el rey extendió a Ester el cetro de oro, y Ester se levantó, y se puso en pie delante del rey, y dijo:

—Si place al rey, y se he hallado gracia delante de él, y si le parece acertado al rey, y yo soy agradable a sus ojos, que se dé orden escrita para revocar las cartas que autorizan la trama de Amán hijo de Hamedata agagueo, que escribió en todas las provincias del rey. Porque, ¿cómo podré yo ver la desgracia que amenaza a mi pueblo y la ruina de mi pueblo?

Respondió el rey Asuero a la reina Ester y a Mardoqueo el judío:

—Escríbanles, pues, ustedes a los judíos como bien les parezca, en nombre del rey, y séllenlo con el anillo del rey; porque un edicto que se escribe en nombre del rey, no puede ser revocado.

Entonces fueron llamados los escribanos del rey en el mes tercero, que es Siván, a los veintitrés días de ese mes; y se escribió conforme a todo lo que mandó Mardoqueo, a los judíos, y a los sátrapas, los capitanes y a los príncipes de las provincias que había desde la India hasta Etiopía, ciento veintisiete provincias; a cada provincia según su escritura, y a cada pueblo conforme a su lengua, a los judíos también conforme a su escritura y lengua. Y escribió en nombre del rey Asuero, y lo selló con el anillo del rey, y envió cartas por medio de correos montados en caballos veloces procedentes de las caballerizas reales.

Qué el rey daba facultad a los judíos que estaban en todas las ciudades, para que se reunieran y estuvieran a la defensa de su vida, prontos a destruir, y matar, y acabar con toda fuerza armada del pueblo o provincia que viniera contra ellos, y aun sus niños y mujeres, y apoderarse de sus bienes.

El poder del que ahora disfrutaba Mardoqueo no le importaba. Lo importante era que Ester estaba a salvo y que en lugar de llanto y tristeza, los judíos tuvieron luz y alegría, y gozo y honra.

Capítulo 12

—¿Qué estás haciendo, pariente?

Ester entró feliz a la habitación de palacio donde ahora su pariente pasaba sus días trabajando para el rey. Abrió las cortinas de la ventana para que entrara aire fresco.

—¿Por qué siempre se te olvida abrir las ventanas cuando entras en la habitación? –le preguntó a su pariente–. Es mucho más agradable cuando dejas que entre la luz y el aire.

—Me imagino que estoy muy ocupado– le dijo Mardoqueo–. Siempre hay mucho trabajo por hacer. Nunca pienso en eso.

Puso sobre la mesa sus plumas y se talló los ojos con sus manos. Se había quedado a trabajar hasta tarde por la noche y regresó a trabajar muy temprano por la máñana.

Habían pasado dieciocho meses desde su último encuentro con Amán. Los judíos se habían organizado y preparado bien; ellos habían sido los vencedores durante las batallas que ocurrieron dentro del reino. Murieron más Persas que judíos. Mardoqueo y Ester estuvieron protegidos dentro de los muros del palacio y vigilados muy de cerca por posibles ataques.

Asuero estaba muy contento con todo lo que había hecho Mardoqueo durante los últimos meses, desde que el plan de Amán se había venido abajo. El pariente de Ester rápidamente empezó a tener mayor autoridad y responsabilidades dentro del reino.

Ester caminó hacia la mesa en donde trabajaba su pariente en otro decreto. A pesar de que estaba concentrado en su trabajo, ella no dudó en interrumpirlo. Ella sabía que a él siempre le daba gusto verla.

—Estoy tan feliz de que ahora podamos estar juntos, pariente. Sé que no podemos reponer los ocho años que estuvimos separados, pero es maravilloso poder verte todos los días.

Mardoqueo, sonrió.

—Es debido a ti que estamos juntos, porque estuviste dispuesta a enfrentar un enorme desafío.

—Nunca lo hubiera hecho, de no ser por ti. Yo sabía que si tú pensabas que lo podría hacer, entonces eso era lo que se tenía que hacer.

—Dios fue generoso con nuestro pueblo. Escuchó nuestras oraciones y contestó nuestros lamentos. Nos honramos al ser sus instrumentos.

Ester le volvió a preguntar:

—¿Qué estás haciendo?

—Estoy muy contento de que el malvado plan de Amán ya ha quedado atrás. Pero todavía hay algo que me inquieta. Si tratamos de olvidar esos terribles días, también olvidaremos la parte maravillosa. Yo no quiero que nuestra gente se olvide la prueba que tuvo que enfrentar. Fuimos victoriosos en el día que Amán planeó destruirnos, y nos regocijamos en la salvación de Dios. Quiero que todos los judíos cuenten a sus hijos esta historia, por eso la estoy escribiendo antes de envejecer y que se me olvide todo lo que sucedió. Debemos recordar siempre el día cuando nuestra tristeza se convirtió en júbilo, y el día cuando nuestro lamento se convirtió en celebración.

—¿Quieres decir un festejo, pariente? ¿Deberíamos tener un festejo para recordar nuestra salvación, tal y como celebramos la Pascua por la salvación de nuestro pueblo cuando salió de Egipto?

A Mardoqueo le dio gusto escuchar la respuesta de Ester.

—Es exactamente lo que quiero decir –dijo entusiasmado–. Quiero que tengamos un festejo cada año, dos días de festejos y regalar comida y darle regalos a los pobres. Cada aniversario del día que Amán escogió para eliminarnos, recordaremos que nuestras vidas no le pertenecen a los que usan el *pur* para tomar decisiones. Seguimos siendo el pueblo de Dios. Ester, durante muchos años, nunca entendimos porqué te alejaron de nosotros o porqué te escogieron reina –continuó Mardoqueo–. Antes tú decías que hubieras preferido casarte con un judío y llevar una vida normal. Pero cuando el día de destrucción cayó sobre nosotros, entonces supe que el mismo Dios te puso en el palacio. Lo que nos pareció mala suerte en esa ocasión, en realidad fue parte del plan de Dios.

—¿Tienes un nombre para el festejo?

Mardoqueo levanto el decreto para que Ester lo viera.

"Será llamado Purim, para recordarnos que aun cuando las cosas sucedan por casualidad, siempre estaremos bajo el control de Dios. ¡Nuestro Dios es verdaderamente un gran Dios!"

María

Madre de Jesús

POR
ELLYN SANNA

Capítulo 1

María, de quince años, corría con un cántaro en sus brazos por el camino hacia las afueras de Nazaret. Pasó por las pequeñas y polvorientas casas, con su estómago lleno de mariposas emocionadas. El sol ya se metía y por eso se apresuró para llegar al pozo y llenar el cántaro con el agua que se usaría para la cena. Esta noche José cenaría con su familia.

Ella le había prometido casarse con él dentro de un año, pero aún se sentía un poco cohibida cuando él estaba en casa. El tiempo que pasaban juntos era corto, pues casi no tenían tiempo para estar solos y platicar. Cada vez que ella lo veía, lo amaba más. Ella esperaba que los sentimientos de él hacia ella fueran iguales.

Quería regresar rápido a su casa para poder lavarse la cara y los brazos, pues había estado ayudando a Ema, su madre, a moler el trigo todo el día, y sabía que el fino polvo aún lo tenía en su piel. No quería que José la viera sucia.

Mientras subía por la colina en las afueras del pueblo, sus pies se detuvieron. Ésta era su hora favorita para ir al pozo, pues todas las mujeres estaban ocupadas en sus casas preparando sus alimentos, y María podía caminar sola, viendo el cielo y el campo que se veía a lo lejos. Casi nunca tenía tiempo de estar sola, excepto cuando regresaba del pozo que podía disfrutar del sonido del viento murmurando a través de su paso. Ése era el único momento que tenía para pensar y examinar su corazón. Aquí, le abría su corazón a Dios.

Hace mucho cuando María era pequeña, su madre la dijo:

—Tienes que escoger, María. ¿Quieres hacer las cosas a tu manera? ¿O quieres hacer lo que Dios dice?

María sonrió al recordar esto. Se había enojado tanto ese día, que no quiso que Ema le siguiera hablando sobre Dios. Pero su madre se inclinó sobre el pan que estaba amasando y le dijo:

—Cuando aceptamos todo lo que nos sucede; aun las cosas que

nos molestan o que nos entristecen como un regalo de Dios, entonces Él puede usar todo eso, para Su propósito.

Las manos de Ema se detuvieron, y vio hacia el techo plano de su casa. Suspiró. Su rostro se veía preocupado.

—Algunas cosas son difíciles, aun cuando eres grande. Ve a tu prima Elisabet, quién nos visitó la semana pasada. Toda su vida le ha pedido a Dios un hijo. Y durante todo este tiempo, Dios le dice que *no*. Y, sin embargo, Elisabet no se da por vencida y le dice *sí* a la voluntad de Dios. A pesar de que las otras mujeres la señalan porque no tiene hijos.

La cara de Ema cambió, y sonrió mientras formó la masa en una pelota redonda.

—Nuestro Dios sabe qué es lo mejor para nosotros. Te sorprenderás, María, que con decirle a Dios un sencillo *sí*, todo puede cambiar.

María no entendió nada de lo que Ema había dicho en todo el día. Su prima Elisabet era mayor que ella, y mayor que Ema, y los problemas de Elisabet no le habían parecido a María que fueran tan importantes como los de ella. Pero cuando esa noche su papá les habló de la Torah y de los Salmos, María escuchó las palabras de una nueva manera.

Al llegar María al pozo, suspiró al ver que no había nadie, ninguna mujer diciendo chismes de algún vecino, ninguna de sus amigas riéndose de los jóvenes. Por fin, el pozo estaba solo. María se inclinó sobre el enorme cedro, recordando una vez más las palabras que su padre le había dicho en una noche hacía mucho tiempo.

—El Dios de Israel y el Dios de David es el Dios de ustedes también, hijos –les dijo su padre con su profunda y suave voz llena de felicidad–. Nosotros somos su pueblo y las ovejas de Su pradera. Y porque Él es su pastor, siempre tendrán todo lo que necesiten. Vivirán en la casa del Señor por siempre.

Las palabras de su padre le abrieron su corazón ampliamente. Dios era tan real como su padre y su madre; y ¡Él la amaba!

Después de eso, a ella le encantaba imaginarse que a donde fuera, esa era la casa de Dios. Y siempre practicaba decirle a Dios sí todos los días, una y otra vez. En ocasiones se le hacía más sencillo decir sí a las cosas grandes que a las cosas pequeñas, pero descubrió que con cada sí que decía, le abría más su corazón a Dios y a Su amor.

Si decía sí lo suficiente, pensó, *algún día tendría una habitación en la gran mansión del Señor.*

María se dio cuenta que el sol se metía hacia el oeste. Alejó sus recuerdos y se inclinó hacia el pozo. El fresco y oscuro pozo olía como la lluvia, y a María siempre le había gustado asomarse para ver como brillaba el reflejo del cielo. Mientras bajaba su cántaro, se dio cuenta que su brazo estaba lleno de polvo, y recordó que José no tardaría en llegar a su casa. Si no se apresuraba, la encontraría llena de polvo.

Murmurando una oración de gratitud a Dios por el regalo de agua dulce y clara, a pesar de que tenía que apurarse, revisó si no había alguna puerta en su corazón que le hubiera cerrado a Dios, cualquier lugar en donde le estuviera diciendo *no* en lugar de decir *sí*. Últimamente, su vida estaba llena de buenos regalos, cosas a las que fácilmente podía decirle *sí*, como José.

Sonrió y recogió su cántaro, lista para irse a casa, cuando el resplandor de una luz que venía del pozo, hizo que se detuviera. Por un momento, el agua del pozo brillaba como el oro.

Se inclinó hacia dentro del oscuro pozo para ver, pero lo único que vio fue un reflejo débil del cielo de la tarde. Encogió sus hombros, pero cuando estaba a punto de irse, se detuvo, a ver su brazo. Cada pequeño punto de trigo que se le había pegado a su piel, brillaba como el oro, haciendo que su brazo brillara como si el fuego estuviera reflejándose.

Lentamente, mientras su corazón latía, volteó hacia la luz. Respiró fuertemente y al sentarse, se pegó contra el filo del pozo.

Frente a ella estaba parado un hombre alto vestido de blanco.

Capítulo 2

La luz salía de él, de su piel y de sus ropas y su cara; aun su cabello brillaba. Tenía la forma de un hombre, pero ella nunca antes había visto un hombre como él, y su cara reflejaba algo que no podía describir con palabras... felicidad, amor, fuerza y algo más.

María no podía quitarle la vista de encima y entonces su corazón empezó a latir con fuerza mientras ella veía sus pies. Estaban descalzos, llenos de luz como él; y estaban parados firmemente en el aire. María se bajó de las piedras y se hincó, e hizo una reverencia ante esta criatura que la asustaba.

—¡Salve, muy favorecida! ¡El Señor está contigo!

María tenía su vista fija en el suelo polvoriento debajo de sus rodillas. ¿Qué quieres decir? Le quería preguntar. Las palabras del hombre encerraban tanta seguridad, tanta felicidad, que ella estaba confundida. Seguramente la estaba confundiendo con alguien más, pensó, pero cuando volteó a ver su cara, ella se dio cuenta que era imposible que este extraño y poderoso hombre pudiera equivocarse.

Y el ángel le dijo:

—Deja de temer, María, porque has hallado gracia ante Dios.

Volteó a verlo.

—¿Cómo sabes mi nombre? —susurró.

El hombre sonrió.

—Mira, concebirás en tu seno y darás a luz un hijo, y llamarás su nombre Jesús. Éste será grande y será llamado Hijo del Altísimo, El Señor Dios le dará el trono de su padre David. Y reinará sobre la casa de Jacob para siempre; y su reino no tendrá fin.

María se tambaleó, su cuerpo temblaba con terror. Puso sus manos sobre la tierra para evitar caerse, trató de prestar atención a las palabras del hombre: el trono de David, nacerá un príncipe, un reino que no tendrá fin.

Ella sabía que nadie se había sentado en el trono de David por cientos de años, y que Israel había sido dominado por Roma desde antes de que ella naciera… pero nada de eso le había importado antes a María, y no podía entender el mensaje del hombre. Se aferró a lo único que sí entendió, y dijo

—¿Cómo será esto, pues no conozco varón?

El hombre –la criatura– la vio por un momento, sus ojos se llenaron de bondad, y después se paró junto a ella y se sentó al filo del pozo. Ella lo vio suspicazmente, pero parecía que estaba bien parado sobre las piedras, ya no estaba volando en el aire, como antes. Él sonrió y le dijo:

—El Espíritu Santo vendrá sobre ti, y el poder del Altísimo te cubrirá con su sombra; por lo cual también el santo ser que nacerá de ti será llamado Hijo de Dios.

—Ah.

María seguía hincada, pero la criatura ahora estaba junto a ella, y ella no pudo soportar su resplandor. María cerró los ojos. ¿Cómo podía venir el mismo Dios que ella había amado y adorado durante toda su vida? Esto era muy extraño, era más de lo que ella jamás había pensado o imaginado. Sus palabras la asustaron.

La criatura se recostó sobre sus manos.

—¿Y sabes otra cosa? –le preguntó de una manera tan casual como si se tratara de una de sus amigas contándole algo.

El loco pensamiento la hizo reír, se mordió el labio y bajó su cabeza, pero no sin antes ver a la criatura sonreír, como si él hubiera leído sus pensamientos.

—He aquí que tu parienta Elisabet, también ella ha concebido un hijo en su vejez; y ya está de seis meses la que era llamada estéril.

María se esforzaba para que sus palabras tuvieran sentido. Elisabet va a tener un hijo. Pero si Elisabet era vieja, muy vieja para tener ahora hijos. Ema había dicho que ya había perdido la esperanza, y ahora que María era mayor y entendía lo importante que era tener hijos; sintió pena por Elisabet.

Las palabras de la criatura no hacían sentido. Si él era un mensajero de Dios, ¿no habría Dios escogido enviar un mensaje más importante? Después de todo, los sacerdotes hacían ver como si Dios siempre estuviera ocupado con los asuntos de los hombres –y aquí estaba este hombre extraño, esta criatura –este ángel– hablando de bebés y de embarazos; cosas de mujeres.

—¿Cómo podría ser esto? –susurró.

El ángel llamó la atención de María. Levantó una piedra y la puso sobre la palma de su mano. María vio la piedra, preguntándose

—*¿Por qué había escogido una piedra tan ordinaria para sostenerla en su mano brillante?*

Entonces la piedra atravesó la mano del ángel como si no tuviera piel. La piedra cayó en la tierra y rebotó, y el ángel se rió, haciendo un sonido tan lleno de alegría que ella apenas pudo respirar.

—Con Dios nada es imposible.

María no dejaba de ver la pequeña piedra que había caído a través de la mano de la criatura.

—Un truco de magia –dijo susurrando.

Pero cuando ella volteó a ver el rostro del ángel, se dio cuenta de que éste no era un mago, con montones de ases bajo la manga. No, este hombre, este ángel, vivía en la casa del Señor, así como ella.

Un fluir de entendimiento la recorrió, y ella se dio cuenta que Dios debía tener muchas habitaciones en Su casa, habitaciones que ella nunca se había imaginado. Esta brillante criatura había llegado a ella desde una de esas habitaciones que nunca había visto.

—¿Aceptarás el regalo que Dios te ha dado? –le pregunto el ángel suavemente.

—¿Ahora? –susurró–. ¿Hoy?

Por un momento, María se detuvo a pensar lo que significaría embarazarse en ese momento. Se imaginó las caras de sus padres, la de José… Se volvió a asustar, pero su mirada se cruzó con la del ángel y se tranquilizó.

Amor comenzó a fluir a través de ella. Inclinó su cabeza y entonces dijo una palabra que ya se había hecho muy familiar para ella:

—*Sí.*

Levantó su cabeza y dijo:

—He aquí la sierva del Señor; hágase conmigo conforme a su palabra.

Y se marchó el ángel de su presencia.

María no supo cuanto tiempo había estado hincada ahí en la tierra húmeda junto al pozo. El ángel ya se había ido, ella lo sabía, pero continuaba envuelta en la sensación del amor de Dios, un sentir de Su presencia más fuerte que el que ella nunca había experimentado. No sabía si había pasado sólo un momento o dos ahí con el Espíritu de Dios; o tal vez había pasado toda una vida.

Cuando volvió en sí, el sol sólo era una línea roja sobre el horizonte. Ella sabía que su familia estaría preocupada por ella, así que levantó su cántaro con agua. Mientras caminaba de prisa por el sendero, con el agua mojando su mano, se dio cuenta que ella estuvo con Dios, fuera del tiempo, en la eternidad. Mientras caminaba, se puso a pensar en ¿cómo se los iba a explicar a sus padres? ¿Y como se lo iba a explicar a José?

Capítulo 3

Tres semanas después, temprano por la mañana, María caminaba por el sendero que iba hacia Nazaret, pero en esta ocasión no llevaba su cántaro en la mano, y no se detuvo en el pozo de agua. Siguió caminado hacia las colinas.

El sol de la mañana brillaba sobre los campos, pero el corazón de María estaba lleno de sombras. Su madre y padre ahora le creían que iba a tener un hijo, pero la cara de Ema se veía preocupada, y Abba trabajaba lentamente como si de repente sus brazos y piernas estuvieran muy pesados para levantarlos.

Por la noche cuando la familia dormía en sus lechos, había escuchado a Ema y Abba susurrando, y hablando de ella hasta muy tarde. Sus palabras en ocasiones sonaban como reproches:

—Es una buena chica..., un hombre…, un extraño…, en contra de su voluntad… ¿Habrá dicho la verdad…?

—María no miente… Ella cree en esta historia que nos contó…

—¿Qué hará José…? ¿Qué haremos?

Cada noche, María escuchaba a Ema llorar y el murmullo de sus oraciones. Pero María se quedaba despierta casi hasta el amanecer, mientras ponía sus manos sobre su estómago.

Durante el día, hacía sus tareas en silencio; cuidando las gallinas, ayudando a su madre hacer el pan, cuidando a sus hermanos menores. Pero su corazón estaba feliz y triste. No había hablado con José desde la noche en que se le apareció el ángel, la noche en que le contó. Si se encontraban en la calle, él se volteaba, su cara se veía lastimada y llena de enojo. Ella estaba segura que él vendría a ver a su padre y romper su compromiso, dejándola a criar al Hijo de Dios sola.

Cada vez que pensaba en esto, su corazón se llenaba de temor. Una mujer sin estar casada, no podía tener un hijo. Era en contra de la ley. Ahora, ningún hombre se fijaría en ella. ¿Por qué Dios le habría pedido que hiciera esto?

Escalando las colinas, dijo suavemente,

—Sí, Señor –enderezó sus hombros y volvió a repetir–. Sí –mucho más fuerte en esta ocasión.

Dios proveería para ella y su hijo. Ella se puso en las manos de Dios.

—Sí –volvió a decir, y ahora su voz era firme y segura.

—Ayer, llegó un rumor a Nazaret desde las colinas en donde vive Elizabet con su esposo Zacarías: Elisabet está esperando un hijo.

Cuando Ema se enteró de la noticia, lloró, su voz estaba llena de alegría y alivio, y un poco temerosa. Sus ojos se dirigieron hacia María.

—Tenías razón –le dijo lentamente.

María movió su cabeza.

—El ángel me lo dijo.

—Es sólo un rumor –dijo su padre.

Por la noche cuando escuchó las voces de sus padres, de repente supo qué tenía que hacer. María oró en silencio. Cuando su mamá se acercó al lecho de María para apagar la lámpara, María la detuvo y le pidió permiso para ir a ver a Elisabet.

Su mamá se acostó junto a María y le dijo:

—Tu padre está muy ocupado con la siembra. Tal vez después, María.

—Quiero ir sola, Ema.

La mano de su madre la tocó en la oscuridad.

—Está muy lejos, María. Especialmente ahora que…

María se sentó y le dijo:

—Estoy fuerte y estoy bien, Ema. Y siento que el Espíritu de Dios me está diciendo que visite a Elisabet.

Su madre guardó silencio un momento.

—Está bien –dijo–. Hablaré con tu padre.

Era la primera noche que María dormía tranquila. Sus padres se despertaron temprano. Comieron juntos en el patio exterior, y hablaban suavemente, para no despertar a sus otros hijos, y después le dieron una bolsa con ropa y comida. Su padre le recordó el camino que debía tomar para llegar a casa de Elisabet y Zacarías. Su madre había llorado. Mientras María se despedía, vio que sus caras que estaban llenas de amor y preocupación.

No podía evitar el dolor que sus padres sentían. Y tampoco podía saber el futuro. Lo único que podía hacer era decirle *sí* a Dios, un paso a la vez, confiando que Él se encargaría de todo. Pero a veces decir *sí* era muy difícil.

Cuando sus temores la habían oprimido durante las últimas semanas, ella deseó haberse encontrado una vez más con el ángel. Le hubiera encantado ver el bienestar que brillaba en el rostro del ángel y escuchar su voz llena de júbilo; pero no se le había vuelto a aparecer otra vez, a pesar de que se seguía asomando en el pozo. En ocasiones se preguntaba si se había imaginado todo lo que se sucedió. Se acomodó la bolsa sobre su hombro y apresuró su paso. Si tan sólo Elisabet le creyera su historia.

Dos días después, por fin llegó a la casa de Zacarías y Elisabet, que se encontraba en una región montañosa. Antes de entrar, se recogió el cabello y se sacudió la ropa, tomó un fuerte respiro y entró por la puerta.

—Soy su prima María –les dijo–. He venido a…

Antes de que pudiera terminar, Elisabet corrió hacia ella llorando. Y aconteció que, en cuanto ella oyó el saludo de María, saltó la criatura en su vientre; y Elisabet fue llena del Espíritu Santo, y exclamó con gran voz:

—¡Bendita tú entre las mujeres y bendito el fruto de tu vientre!

María guardó silencio, perpleja por la felicidad que vio en la cara de su prima. Después de la incredulidad de sus padres y el rechazo de José, la bienvenida de Elisabet fue sobrecogedora, increíble y confortante. Por fin había alguien que le creía y que no la rechazaba, alguien que se alegraba sobre el increíble anuncio que le dio el ángel.

Elisabet la abrazó y le dijo que se sentara para que descansara.

—¡Llegaste sola en tu condición! ¿Cómo te sientes?

—Estuve muy, muy enferma los primeros tres meses y siempre hambrienta.

—Te voy a traer algo de comer.

Le trajo pan y un plato con sopa y una taza con agua y una porción de queso.

—Te veías tan tensa cuando corrí a saludarte, que apenas si podías hablar. Zacarías siempre me dice que me calme. Pero esto... –se tocó su enorme y redondo estómago, y le dijo a María–:

—Todo esto es tan emocionante. Tan increíble. Que no me puedo calmar.

Se sentó junto a María. Su voz ahora era suave y le dijo:

—Me siento honrada que la madre de mi Señor me visite.

María se le quedó viendo a su prima. Su cabello era tan blanco como nunca, y su cara seguía arrugada, y sus ojos brillaban.

—¿Cómo lo sabes? –le preguntó María.

Elisabet sonrió y le dio una palmadita otra vez a su estómago.

—Porque tan pronto como llegó a mis oídos la voz de tu saludo, ¡saltó de gozo la criatura en mi vientre! Come, hija. Recuerda que el milagro dentro de ti es de carne y sangre. ¡Será mejor que alimentes a los dos!

Mientras María comía, Elisabet le contó su propia historia, sobre el ángel que se le apareció a Zacarías. Zacarías perdió su voz pues no creyó la noticia del ángel, y ahora solo se podía comunicar escribiendo. Fascinada, María escuchaba en silencio, pero Elisabet también quería conocer la historia de María. María terminó de comer, y empezó a contarle un poco tímida al principio, a Elisabet todo lo que a ella le había sucedido. Mientras más le contaba, las palabras le salían con mayor facilidad. Se sentía tan aliviada de que por fin alguien le creyera.

Cuando terminó de contarle, Elisabet se recostó y sonrió. Por un largo tiempo, guardó silencio, sus labios se movían y María se dio cuenta de que estaba orando. Después, la sonrisa de Elisabet se hizo más grande y le dijo:

—Tú siempre le has dado todo tu corazón a Dios. ¡Bienaventurada la que ha creído que tendrán cumplimiento las cosas que le han hablado de parte del Señor!

Y dijo María:

—Engrandece mi alma al Señor, y mi espíritu se regocija en Dios mi Salvador; porque ha mirado la bajeza de su sierva; pues he aquí, desde ahora me dirán bienaventurada todas las generaciones. Porque me ha hecho grandes cosas el Poderoso; Santo es su nombre. Y su misericordia es de generación en generación a los que le temen. Hizo proezas con su brazo; esparció a los soberbios en el pensamiento de sus corazones. Quitó de los tronos a los poderosos, y exaltó a los humildes; colmó de bienes a los hambrientos, y a los ricos los despidió con las manos vacías, a los hambrientos colmó de bienes, y a los ricos envió vacíos. Socorrió a Israel su siervo, acordándose de la misericordia de la cual habló a nuestros padres, para con Abraham y su descendencia para siempre.

Ahora María entendió porqué había sentido el Espíritu de Dios decirle que fuera a visitar a Elisabet. Con el amor y la comprensión que recibía de Elisabet, María estaba preparada para recibir el nacimiento del Salvador.

Las semanas que pasó con Elisabet se fueron volando. La diferencia de edades entre ellas, ya no les importaba y las dos mujeres pasaban horas hablando sobre su embarazo y de Dios, de bebés y de milagros. En algunas ocasiones, mientras cenaban, lloraban de tanto reírse, mientras que Zacarías las escuchaba en silencio. Otras noches, se subían a la azotea, a ver a las estrellas que iluminaban el cielo, mientras las dos oraban en silencio. María veía como crecía el vientre de Elisabet y al mismo tiempo, disfrutaba de los cambios en su propio cuerpo.

Por fin, después de tres meses, Elisabet decidió que ya era hora que María regresara a Nazaret, antes de que se le dificultara viajar. María estaba desilusionada por no poder quedarse hasta el nacimiento del bebé de Elisabet. Estaba a punto de nacer en cualquier momento, pero sabía que Elisabet tenía razón. Además, había llegado el momento de enfrentar nuevamente a sus padres… y a José.

Mientras se despedían, Elisabet y María se abrazaron y lloraron.

—Estaré orando por ti –le dijo Elisabet–. No tengas miedo. Dios resolverá todo.

Zacarías apretó la mano de María en silencio. Y María se dirigió hacia el camino que la llevaría a Nazaret. Mientras caminaba, se imaginó que José ya habría hablado con su padre pidiéndole que lo dispensaran del compromiso. Pero Dios estaría con ella… pasara lo que pasara.

El viaje a casa pasó rápido. Cantó salmos mientras caminaba, y por las noches sintió la presencia de Dios mientras dormía. Él era su compañero a donde fuera. Una y otra vez, cantaba sus salmos favoritos:

Oh Jehová, tú me has examinado y conocido.
Tú has conocido mi sentarme y mi levantarme;
Has entendido desde lejos mis pensamientos.
Has escudriñado mi andar y mi reposo,
Y todos mis caminos te son conocidos.
Pues aún no está la palabra en mi lengua,
Y he aquí, oh Jehová, tú la sabes toda.
Detrás y delante me rodeaste,
Y sobre mí pusiste tu mano.
Tal conocimiento es demasiado maravilloso para mí;
Alto es, no lo puedo comprender.
¿Adónde me iré de tu Espíritu?
¿Y a dónde huiré de tu presencia?
Si subiere a los cielos, allí estás tú;
Y si en el Seol hiciere mi estrado, he aquí, allí tú estás.
Si tomare las alas del alba
Y habitare en el extremo del mar,
Aun allí me guiará tu mano,
Y me asirá tu diestra.
Si dijere: Ciertamente las tinieblas me encubrirán;
Aun la noche resplandecerá alrededor de mí.
Aun las tinieblas no encubren de ti,
Y la noche resplandece como el día;
Lo mismo te son las tinieblas que la luz.

Porque tú formaste mis entrañas;
Tú me hiciste en el vientre de mi madre.
Te alabaré; porque formidables, maravillosas son tus obras;
Estoy maravillado,
Y mi alma lo sabe muy bien.
No fue encubierto de ti mi cuerpo,
Bien que en oculto fui formado,
Y entretejido en lo más profundo de la tierra.
Mi embrión vieron tus ojos,
Y en tu libro estaban escritas todas aquellas cosas
Que fueron luego formadas,
Sin faltar una de ellas.
¡Cuán preciosos me son, oh Dios, tus pensamientos!
¡Cuán grande es la suma de ellos!
Si los enumero, se multiplican más que la arena;
Despierto, y aún estoy contigo.
De cierto, oh Dios, harás morir al impío;
Apartaos, pues, de mí, hombres sanguinarios.
Porque blasfemias dicen ellos contra ti;
Tus enemigos toman en vano tu nombre.
¿No odio, oh Jehová, a los que te aborrecen,
Y me enardezco contra tus enemigos?
Los aborrezco por completo;
Los tengo por enemigos.
Examíname, oh Dios, y conoce mi corazón;
Pruébame y conoce mis pensamientos;
Y ve si hay en mí camino de perversidad,
Y guíame en el camino eterno.

Salmos 139

Mientras cantaba, María estaba llena de un gozo que nunca imaginó. Pero mientras se acercaba a Nazaret, sus pies empezaron a detenerse. Mientras veía hacia la aldea reconociendo las casitas con sus techos planos y sus muros cuadrados de lodo, desde la colina, parecía como si algunos niños las hubieran hecho. María suspiró y empezó a bajar por la colina.

—Quiero hacer tu voluntad, Señor –dijo María–. Lo que sea ...

Al entrar por las estrechas calles, sus pies automáticamente la llevaron hacia donde estaba el taller de José. Durante los últimos dos años, ella decía cualquier pretexto para poder pasar por el taller, con la esperanza de verlo y poder intercambiar sonrisas. En esta ocasión, ella dudó. Ahora, todo era diferente.

A pesar de todo, ella no tenía de qué avergonzarse. Si él había decidido rechazarla, ese era su derecho; le dolía, pero no colgaría su cabeza. No cuando el Hijo de Dios ya había empezado a moverse y patear dentro de ella.

—Sí –dijo suavemente–. Lo que sea tu voluntad, Padre.

Levantó su cara y empezó a caminar por el sendero.

Capítulo 4

Apenas había dado unos cuantos pasos, alguien la detenía por los hombros. Volteó para ver quién la detenía.

—Eres tú.

José se quedó parado mirándola, respirando profundamente, como si hubiera corrido.

—Ya estás en casa. Acabo de regresar de casa de tus padres, cuando creí haberte visto desde…

Volvió a respirar profundamente mientras ella lo veía sorprendida; su voz sonaba como si estuviera contento de verla… y algo más, sonaba como aliviada.

—Te he extrañado, María –le dijo lentamente, todavía su brazo estaba sobre el hombro de María–. Temí que ya no regresaras a casa.

Y después, la abrazó. María tembló y puso su cara sobre su túnica.

Por fin se separaron y sonrieron tímidamente. María buscó la cara de José.

—¿Me crees ahora?

José movió su cabeza.

—Perdóname por no creer lo que me dijiste desde un principio. Pero yo…

María puso su mano sobre sus labios, feliz con su atrevimiento.

—Todo está bien –le dijo–. Lo entiendo. ¿Qué hizo que cambiaras de opinión?

Él puso sus labios sobre los dedos de María, después tomó su mano y empezaron a caminar.

—Tengo que ser sincero contigo –le dijo, y ella escuchó vergüenza y arrepentimiento en su voz–. Había decidido romper nuestro compromiso. No quería avergonzarte públicamente, por lo que lo iba a hacer discretamente. Pero temía hablar con tu padre. Odiaba pensar que no pasaría el resto de mi vida contigo. Una noche mientras estaba tratando de pensar en lo que debía hacer; y cómo hacerlo, mis pensamientos me daban vueltas. Creí que nunca me iba a dormir. Traté de orar, y poner en las manos de Dios el fin de nuestro compromiso, pero no encontraba paz. Por fin me quedé dormido. Mis sueños fueron interrumpidos con pesadillas. Y de repente me di cuenta que… algo estaba parado junto a mi cama. Este ser estaba vestido de blanco y brillaba tanto que mi habitación oscura parecía como si fuera de día. Al principio tuve miedo, pero cuando volví a ver su rostro, noté que estaba sonriendo…

Su voz se escuchaba como si todavía siguiera confundido y maravillado.

—Su nombre es Gabriel –le dijo feliz María–. Es lo que le dijo a Zacarías.

José dejó de caminar y volteó a ver a María.

—¿Quieres decir que el esposo de tu prima también vio al ángel? Y tú… y yo…

Sus ojos se encontraron.

—Son tiempos maravillosos, María. Pensar que Dios está haciendo todas estas cosas maravillosas en nuestras vidas. Nuestro hijo…

Guardó silencio, sus ojos brillaban con sorpresa.

—¿Qué te dijo el ángel? –le preguntó María.

José suspiró y empezó a caminar.

—Recuerdo cada palabra, lo he pensado tantas veces mientras esperaba que regresaras a casa. Él me dijo: "José, hijo de David, no temas recibir a María por mujer, porque lo engendrado en ella del Espíritu Santo es. Y dará a luz un hijo, y llamarás su nombre Jesús, porque él salvará a su pueblo de sus pecados".

José se detuvo y le preguntó a María:

—¿Recuerdas lo que el profeta Isaías dijo: "He aquí que la virgen concebirá y dará a luz un hijo, y llamarán su nombre Emmanuel"?

El bebé se movió dentro del estómago de María. ¡Y ella sintió que se estremecía!

—Sí –susurró–. Sí.

José vio a través de sus ojos.

—¿Te casarías conmigo, María? ¿Hoy? ¿Mañana? ¿En cuanto podamos?

Ella sonrió al escuchar el entusiasmo de José.

—Sí –le contestó María.

Ahora que José también había visto al ángel, sus padres por fin le creyeron. Con alivio, felicidad y entusiasmo, le dieron la mano de María a José en matrimonio. Ema y las hermanas de María le ayudaron a empacar sus pertenencias, y su papá y sus hermanos llevaron las cosas a casa de José. Los días después de la boda fueron felices.

Pero justo cuando se estaba estableciendo para dar nacimiento a su hijo, José llegó un día por la tarde con preocupación.

—¿Qué sucede? –preguntó María después de haberse lavado las manos, y dar gracias por su cena–. ¿Qué es lo que te preocupa?

José comió una cucharada de sopa de lentejas que María le había preparado. Él suspiró.

—Es el emperador de Roma. Ha decido hacer un censo de toda la nación. Todos tienen que ir a la ciudad de sus antepasados.

Se encontró con los ojos de María.

—Lo siento. Odio que tengas que viajar ahora. Tendremos que ir a Belén.

Capítulo 5

Esto no era lo que esperaba María. Mientras veía las calles bulliciosas de Belén, su corazón extrañaba su hogar. Extrañaba la quietud de Nazaret; extrañaba las manos suaves de su madre y la sonrisa de su padre. Se imaginó que su bebé nacería en casa, en donde se sentía segura y amada. No aquí en este lugar extraño, repleto de ruidos de animales y las voces frustradas de tanta gente en un espacio tan pequeño.

José no había encontrado una habitación en la posada. María suspiró y se reclinó sobre el burro mientras José lo llevaba al establo de la posada. Por lo menos se podía bajar y seguramente habría un lugar en donde ella se pudiera recostar...

Una vez que se pudo estirar sobre la capa de José y acostarse sobre un montón de paja, se quedó dormida. Sin embargo no durmió mucho. Cuando abrió sus ojos, vio alrededor del establo. Su burro comía junto a una vaca y dos soñolientos gallos. Un borrego se acostó junto a María.

María se levantó y se frotó la espalda y se recargó sobre el pesebre. El aire estaba lleno con el olor de los animales, pero por lo menos había quietud y paz. Ella oró:

—Sí, Padre. Aun aquí, aun ahora. Si aquí es en donde quieres que nazca tu Hijo, entonces diré: *sí.*

José entró con la cena que había comprado en la posada. Sus ojos se veían preocupados cuando vio a María.

—¿Cómo estás? ¿Puedes comer algo?

Ella movió su cabeza. José se arrodilló junto a ella, y puso sus manos sobre sus hombros.

—¿Cuánto tiempo crees que falta para que…?

María suspiró y sonrió.

—Pronto.

Más tarde, esa noche, lágrimas de felicidad cubrían su cara mientras veía a su recién nacido hijo. Tocó su pequeño pié y pasó su dedo sobre su suave mejilla. Después, cuidadosamente, como había visto a Ema hacerlo con sus hermanos y hermanas menores, lo envolvió en una manta limpia. Exhausta, se quedó dormida, sosteniendo en sus brazos a Dios en un pequeño cuerpo humano.

Después de una hora o dos, José la despertó.

—Tenemos visitas –le dijo suavemente.

María iba a levantar al bebé, pero no había nada en su regazo. Seguramente José lo puso en el pesebre; Él aún dormía. Ella levantó la vista y vio la puerta llena de hombres extraños. Se frotó los ojos y se sentó. Se dio cuenta de que eran pastores. Sus ojos brillaban con admiración.

—Cuidábamos nuestras ovejas –dijo uno de ellos–, cuando de pronto un hombre extraño estaba junto a nosotros.

—Brillaba tanto, que bien podría haber sido de día –interrumpió otro hombre.

—Teníamos miedo, pero… El ángel nos dijo: "Dejen de temer, porque les traigo nuevas de gran gozo, que será para todo el pueblo; que les ha nacido hoy, en la ciudad de David, un Salvador, que es Cristo el Señor. Esto les servirá de señal; hallarán un niño recién nacido envuelto en pañales, y acostado en un pesebre". Y repentinamente, apareció con el ángel una multitud de las huestes celestiales que alababan a Dios y decía: "Gloria a Dios en lo más alto; y sobre la tierra paz; buena voluntad para con los hombres". Cuando los ángeles se alejaron dijimos: "Vayamos ahora mismo hasta Belén, y veamos esto que dicen que ha sucedido, lo que el Señor nos ha dado a conocer".

María les sonrió a los pastores, y después se inclinó sobre el pesebre. Suavemente, descubrió un poco al bebé para que ellos pudieran ver Su cara. José les indicó que entraran al establo, todos se acercaron a verlo. El bebé se retorció, y después abrió sus ojos y vio el revoloteo de las caras de los pastores. Después de un momento, uno por uno, los pastores se hincaron.

Cuando se fueron, María se recostó sobre el hombro de José pensando en todo lo que había sucedido. El bebé dormía apaciblemente en los brazos de José, hasta las vacas y los borregos se habían dormido. Todo el mundo se hallaba quieto y en silencio. María soñolienta pensó:

Sí mi corazón es Tu mansión, Señor, entonces, cómo se están llenando sus habitaciones con tesoros.

Cerró sus ojos, feliz por haberse atrevido a decirle sí a Dios. Mientras se quedaba dormida, su último pensamiento fue:

Señor, ¿qué otras cosas maravillosas harás?

Capítulo 6

Ocho días después, llevaron al niño a la sinagoga para circuncidarle. Ahí, le dieron al niño el nombre que el ángel le había dado José: Jesús. Jesús era un nombre común en Galilea; por lo que ningún rabino protestó con el nombre que habían escogido.

Pero María y José voltearon a verse y sonrieron. Ellos sabían que el nombre de su bebé no lo habían escogido ellos. Se los dio un ángel llamado Gabriel.

—El Señor salva –María dijo estas palabras mientras sostenía a Jesús en sus brazos.

Cada vez que pronunciaba su nombre, se daba cuenta que afirmaba su fe en Dios. ¡El Señor salva!

Y cuando se cumplieron los días de la purificación de ella, conforme a la ley de Moisés, trajeron al niño a Jerusalén para presentarlo al Señor. Tal como está escrito en la ley del Señor: "Todo varón que abra la matriz será llamado santo para el Señor". Así que María se preparó para ese corto viaje con Jesús.

Cuando llegaron a Jerusalén, atravesaron las bulliciosas calles hasta llegar al templo. María llevaba en sus brazos a Jesús. Lo cargaba con mucho cuidado, temerosa de que la multitud lo pudiera arrancar de sus brazos.

En cuanto le había dicho *sí* al ángel, ella ya había empezado a amarlo y había aprendido a amarlo aún más durante los meses que lo llevó en su vientre. Pero ahora que Él ya estaba aquí, y lo podía tener en sus brazos, ver sus ojos y tocar sus pequeñas manos; lo amaba de una nueva manera. Él era de ella… su bebé. Su corazón casi se rompía cada vez que pensaba en el peligro que lo amenazaba. Ella haría cualquier cosa para que Él estuviera a salvo.

Mientras llegaban al templo, María vio hacia las altas columnas, y sostuvo a Jesús fuertemente. Por alguna razón, temía la ceremonia de hoy. Algo dentro de ella no quería entregarle a Dios a Jesús. Era de ella. Suspiró y siguió a José a través de la puerta de bronce que conducía hacia el patio para las mujeres del templo.

Antes de que entraran, un anciano se les acercó.

Parecía como si nos hubiera estado esperando, pensó María.

Y sin embargo, ella estaba segura de nunca haberlo visto.

—Me llamo Simeón –les dijo–. ¿Me permiten ver a su hijo?

María lo dudó, pero algo en la arrugada cara del anciano, le dio confianza. Descubrió a Jesús y lo volteó para que el anciano pudiera ver su rostro.

Simeón suspiró.

—¡Por fin! –dijo–. ¡Por fin!

Cerró sus ojos, y sus labios se movían silenciosamente en oración. Después de un momento, sonrió y abrió sus ojos.

—He esperado este momento durante mucho, mucho tiempo.

José estudiaba la cara del anciano y le preguntó:

—¿Qué quiere decir?

Simeón le dijo a José:

—Yo soy un anciano, como pueden ver. Durante años, he visto a nuestra nación caer más y más bajo el control de Roma, y he llorado por Israel. Estoy solo, pues mi esposa y mis hijos y mis hijas han muerto. Año tras año, he crecido más y más solitario; pero aún así, continúo orando a Dios para que rescate a nuestra nación. Yo creía que nuestro Mesías llegaría, tal y como los profetas lo han dicho. Pero año con año, nada ha cambiado. No he visto la señal del Mesías. Y yo sigo siendo un solitario. Hace unos años, le dije a Dios que ya estaba listo para morir y estar con Él. Pero sentí el Espíritu de Dios decirme: "No, aun no ha llegado tu hora". Después de eso, he estado inquieto. Continué orando, y un día el Espíritu Santo me comunicó que no vería la muerte antes de haber visto al Cristo del Señor.

Simeón se alejó de José y regresó con Jesús, sus ojos brillaban por las lágrimas.

—Esta mañana estaba disfrutando del sol en mi jardín, cuando sentí que el Espíritu me decía: "Levántate, ve al templo". Al principio creí que sólo era mi imaginación. Pero después el llamado del

Espíritu era más claro y fuerte. Entonces vine... y mientras caminaba hacia la puerta, contemplé al niño.

—¿Puedo cargarlo? –preguntó mientras veía a María–. Sólo por un momento.

María sonrió y puso a Jesús en sus brazos. Simeón vio durante un largo rato la cara de Jesús. El bebé lo vio y enredó su manita en la barba blanca de Simeón. Simeón sonrió y dijo:

—Ahora, Señor, despides a tu siervo en paz, conforme a tu Palabra, porque han visto mis ojos tu salvación, la cual has preparado en presencia de todos los pueblos; luz para revelación a los gentiles, y para gloria de tu pueblo Israel.

Su padre y su madre estaban asombrados de las cosas que se estaban diciendo de Él.

Simeón les bendijo y dijo a María, su madre:

—Mira, éste está puesto para caída y levantamiento de muchos en Israel, y para señal que será contradicha (y una espada traspasará tu alma), para que sean revelados los pensamientos de muchos corazones.

María sintió un escalofrío por toda su piel.

—¿Qué quiere decir...? –empezó a preguntar, pero antes de que pudiera terminar su pregunta, una anciana, en ese momento se presentó y comenzó también a expresar su reconocimiento a Dios y a hablar de él a todos los que aguardaban la redención en Jerusalén.

Los dos ancianos pasaron un largo rato con María y con José y el niño. Se tomaban turnos para cargar al bebé sosteniéndolo junto a sus corazones. María sonreía mientras los observaba, pero dentro de su corazón, escuchó otra vez las palabras que le había dicho Simeón: "Y una espada traspasará tu misma alma".

Pero el nacimiento de Jesús sólo les había traído felicidad. ¿Cómo podría cualquier cosa acerca de Él enviar una espada a su alma?

Mientras se despedían de Simeón y de Ana, María trató de no prestar atención a lo que Simeón le había dicho. Seguramente estaba equivocado. Después de todo ya era un anciano.

Simeón seguía parado en donde lo habían dejado, y los seguía viendo. A través del patio, sus ojos se cruzaron con los de María. La compasión en sus ojos, hizo que María sostuviera a Jesús fuertemente.

Él sabe lo que va a suceder, pensó María. *El Espíritu de Dios se lo ha dicho*

Pero había llegado el momento de entregarle a Dios a Jesús. María volteó a Jesús en sus brazos, pero antes de entregárselo al sacerdote, ella dudó un momento. Vio la cara de su hijo.

¿Cómo podré soportar si algo te llegara a suceder?, pensó.

José tocó su brazo.

—¿María?

Ella suspiró. Una lágrima rodó por su mejilla.

Sí, Señor, susurró en su corazón. *Aún si permitieras que algo le sucediera a este amado... aún así, te diré sí. Él es tuyo. Tú me lo diste. Ahora, lo regreso a ti.*

Puso a su bebé en los brazos del sacerdote para ser dedicado a Dios.

María y José regresaron a la casa que habían rentado en Belén. José había abierto una pequeña carpintería para mantenerlos y María estaba siempre ocupada cuidando al bebé. Cada día que pasaba, Él crecía más, y ellos estaban felices con todas las cosas nuevas que estaba aprendiendo a hacer. Se podía parar; después empezó a gatear; después se levantaba solo.

–¡E-ma! –dijo una mañana, despertándolos a todos, y juntos celebraron sus primeras palabras.

La siguiente palabra que aprendió a decir fue papá, y después ya le decía a María muchas palabras mientras ella molía el grano, jugando a los pies de José con pedazos de madera. Cada día lo amaban más.

Y sucedió que en una mañana, cuando Jesús casi cumplía los dos años de edad, tres extraños tocaron a su puerta.

Capítulo 7

—Tenemos visitas, María –le dijo José mientras entraba de su taller.

No había tenido tiempo de lavarse, ella vio desde donde estaba cosiendo, que tenía aserrín en su barba. Ella le sonrió, esperando ver a uno de sus vecinos. En lugar de esto, un hombre con una larga túnica de seda estaba parado en la puerta. María dejó lo que estaba haciendo y se puso de pie.

Los ojos del hombre eran diferentes a los que ella hubiera visto antes, y su piel era de otro color, diferente a la de ellos.

—Pase –le dijo José mientras entraban a la casa.

La larga túnica del hombre rozaba el piso de la casa mientras se acercaba a María; y detrás de él le seguían dos hombres más, cada uno vestido tan lujosamente como él. Sus caras angostas estaban llenas de sabiduría y orgullo.

Jesús había estado jugando silenciosamente en la esquina con unos cuadros de madera que le había hecho José, pero ahora caminó hacia los visitantes para investigarlos. Cuando lo vieron, las caras de los hombres cambiaron. De repente María recordó las caras que tenían los pastores cuando Jesús nació: asombro con humildad y felicidad, todo al mismo tiempo.

Ellos saben, se dijo. *Estos hombres saben quién es mi hijo*.

Asombrada, vio como los tres orgullosos hombres con lujosas ropas se arrodillaron en el piso. Inclinaron sus cabezas ante su pequeño niño. María volteó a ver a Jesús, pensando qué es lo que haría. Él se quedó parado por un momento, viendo a los tres hombres seriamente; y después les sonrió y camino hacia ellos. Tocó la cara de cada uno suavemente. María y José veían como las lágrimas salían de los ojos de estos hombres y les rodaban por sus mejillas.

—Somos astrólogos reales –dijo uno de los tres hombres mientras comían–. Venimos de un país del lejano oriente. Hace casi dos años, vimos una estrella nueva en el oriente, y supimos que había llegado el momento para que naciera el Rey de los judíos. Quisimos adorarlo, así que seguimos la estrella –hizo una pausa y vio a Jesús–. La estrella nos trajo aquí.

—Pero antes nos detuvimos a pedir direcciones a Herodes –le recordó uno de los hombres.

–¿Herodes? –preguntó José.

El tercer hombre les explicó:

—Primero fuimos a Jerusalén. Esperábamos encontrar al nuevo rey dentro de la corte real. Después sus ojos recorrieron la pequeña habitación, y sus ojos se detuvieron en Jesús. Debimos saberlo –murmuró.

—¿Qué fue lo que dijo Herodes? –preguntó José inquieto.

María sabía que José no confiaba en Herodes, especialmente desde que se habían enterado de los asesinatos en la propia casa de Herodes. Herodes había matado a su propia familia para asegurar el trono; y mientras tanto seguía estrictamente la dieta de la Torá, jamás comiendo carne de puerco u otra carne que prohibiera la Ley. Como si eso le fuera a ayudar cuando estuviera parado frente a Dios.

—Es un hipócrita. Prefiero ser el cerdo de Herodes que el hijo de Herodes.

Sólo de pensar en Herodes hacía que María temblara. Quería ir por Jesús y ponerlo sobre su regazo y abrazarlo, pero Él estaba comiendo feliz, compartiendo bocados de comida con uno de los astrólogos que estaba a su lado.

José volvió a repetir

—¿Qué dijo Herodes?

Los tres hombres intercambiaron miradas

—Estaba molesto –uno de ellos admitió–. Obviamente, no sabía que existía otro rey, además de él, y esto no lo hizo muy feliz.

Y convocados todos los principales sacerdotes, y los escribas del pueblo, les preguntaba dónde había de nacer el Cristo.

Ellos le dijeron:

—En Belén de Judea; porque así está escrito por medio del profeta.

Entonces Herodes, llamando en secreto a los magos, indagó de ellos diligentemente el tiempo de la aparición de la estrella; y los envió a Belén, diciendo:

—Vayan allá y averigüen con diligencia acerca del niño; y cuando lo encuentren, háganmelo saber, para que yo también vaya y le adore.

Cuando terminaron de comer, los astrólogos bajaron de sus camellos los regalos; abrieron sus tesoros y le ofrecieron presentes: oro, incienso y mirra.

—Estos regalos son para el niño –dijo uno de ellos.

Jesús revisó los costosos regalos con sus pequeñas manos, feliz con el brillo de los colores de las joyas que salían del cofre. Lo que más le gustó a Jesús fue una pluma que estaba atorada en el cofre. Aún José, quién apenas si había hablado durante la cena, se rió al verlo jugar.

En medio de la conmoción, María observaba la cara de su esposo. Él se sentía incómodo y sorprendido con los regalos que estaban en el piso, pero ella sabía que la tensión en su rostro era causada por otro motivo. Estaba preocupado por Herodes.

Los tres astrólogos durmieron afuera de la casa, junto con los camellos y por la mañana entraron a comer otra vez con María, José y Jesús. María estaba cansada, pues no había dormido bien, pero trató de sonreír mientras pasaba los platos con la comida.

—¿Durmieron bien?

—No –dijo el mayor de los astrólogos–. No dormimos bien

Volteó a ver a los otros, preguntándose que más podría decir.

—Nuestro descanso fue interrumpido por nuestros sueños –dijo otro de ellos.

El de piel oscura le dijo a María:

—Nos iremos esta mañana.

—Fuimos avisados que no volviéramos a Herodes. Regresaremos a nuestra tierra por otro camino.

—¡María! Despierta, ¡María!

En la mitad de la noche, la voz de José hizo que ella saltara. Su corazón le palpitaba.

—¿Qué sucede?

—Tuve un sueño –dijo José–. Volví a ver al ángel. Nos tenemos que ir.

—¿Ahora? –dijo María–. ¿Qué fue lo que te dijo el ángel?

—Me dijo: "Levántate, toma al niño y a su madre y huye a Egipto, y permanece allí hasta que yo te diga; porque acontecerá que Herodes buscará al niño para matarlo".

—¿No podemos esperar hasta la mañana?

A ella no le gustaba despertar a Jesús. Le molestaba tener que salir con Él en la noche a un lugar que jamás había visto. ¿Por qué a Egipto?

José ya había prendido la lámpara y empezó a empacar sus pertenencias.

—¡Apresúrate, María! Tal vez no tengamos mucho tiempo. Tal vez Herodes ya envió a sus soldados a buscar al niño.

María dudó un momento más. Ya estaban establecidos en Belén. Habían sido tan felices los últimos dos años. Cerró sus ojos.

—Sí, Señor –susurró–. Aceptaré lo que tú quieras.

Se levantó y empezó a empacar para su largo viaje a Egipto.

Capítulo 8

Después de casi un año, María estaba acostada viendo el sol brillar a través de su ventana en su pequeña casa en Egipto. Jesús también estaba despierto. Le sonrió a su madre, pero se quedó quieto viendo las palmeras a través de la ventana.

Junto a ella, José seguía dormido. Durante toda la noche durmió intranquilo hablando en su sueño y María no lo quería despertar, aunque sabía que pronto tendría que irse a su carpintería. Tendría que levantarse a encender el fuego, vestirse, cambiar a Jesús y prepararles su desayuno. Después de eso, iría al mercado a comprar comida para la cena.

Suspiró. La vida parecía mucho más complicada aquí en Egipto, pues aquí todos hablaban diferentes idiomas, y los amigos y la familia vivían lejos. Una tarea tan sencilla como ir al mercado, la agobiaba. Decidió quedarse en cama un rato más, para disfrutar la quietud de la mañana, junto con las dos personas que más amaba en el mundo.

—¿Te gustaría quedarte en casa hoy? –le preguntó José.

Su corazón dio un salto. Volteó su cabeza y vio que José tenía los ojos abiertos. Ella sólo movió su cabeza.

—Anoche volví a ver al ángel, y me dijo: "Levántate, toma al niño y a su madre, y vete a tierra de Israel, porque han muerto los que atentaban contra la vida del niño". Ya podemos regresar a casa María. Él estará a salvo.

Las lágrimas de felicidad rodaron por las mejillas de María. Cerró sus ojos y dijo una oración.

El viaje a casa fue feliz, no como el viaje anterior apresurado y temeroso, cuando tuvieron que escapar por culpa de Herodes. En esta ocasión se rieron y hablaron y disfrutaron del panorama. Jesús ya tenía la suficiente edad para que ellos le señalaran cosas, y Él veía todo con interés y deleite.

Mientras se iban acercando a Belén, empezaron a reconocer las colinas, y María empezó a emocionarse al pensar que pronto se reuniría con su familia y sus amigos. Llegaron a Judea tarde, por lo que José le dijo a María, y a Jesús:

—Tal vez sea mejor que pasemos la noche en Belén, en donde naciste.

Se detuvieron a descansar un momento por el camino. Mientras María le daba algo de beber a Jesús y un pedazo de pan, José escuchó el ruido de otros viajeros que se dirigían hacia donde ellos estaban.

—Voy a escuchar qué noticias traen de Belén –le dijo a María y caminó para acercarse a ellos.

Se quedó parado con ellos durante largo tiempo antes de que ellos siguieran su camino.

Cuando regresó, el corazón de María se hundió al ver la preocupación que se reflejaba en la cara de José.

—No me gusta –le dijo–. Herodes dejó dicho en su testamento que le dejaba Judea a su hijo Arquelao. Dicen que odia a los judíos aún más que su padre. Ya ha matado a cientos de nuestra gente.

María tomó la pequeña mano de Jesús. Él volteó a verla, su pequeña cara estaba llena de amor y paz.

—Todo estará bien –le dijo a José–. El ángel no te hubiera dicho que regresáramos a casa si no fuera seguro.

José movió la cabeza, pero seguía preocupado.

—Pasaremos la noche aquí –dijo al fin–. Antes de tomar la decisión de quedarnos en Belén, oraré sobre esto. Quiero estar seguro que estamos haciendo lo que Dios quiere.

María estuvo de acuerdo.

—También yo oraré.

Pensó en Gabriel, el ángel que habló con ella hacía casi cuatro años. A pesar de que no lo volvió a ver, ella estaba segura que se trataba del mismo ángel quién había estado hablando con José en sus sueños. Le gustaba creer que él caminaba con ellos todos los días, invisible a sus ojos, su cara brillante siempre dirigida hacia su hijo, asegurándose que nada lo lastimaría. Ella estaba segura que el cielo cuidaba a Jesús.

—Dios nos cuidará –ella le dijo mientras acampaban para pasar la noche–. No tenemos nada que temer.

Cuando terminaron de comer, subieron a Jesús sobre el burro y empezaron a caminar. María se dio cuenta que José no los estaba llevando hacia Belén. Lo volteó a ver y le preguntó

—¿A donde vamos?

—¿Que te parecería que regresáramos a casa?

—Pero Belén está por allá

José sonrió y le dijo:

—Lo sé. Quiero decir a Nazaret

—¿Nazaret? –su cara se iluminó. Estar cerca de sus padres y de sus hermanos–: A casa.

José asintió.

—Nazaret de Galilea. El hijo de Herodes Antipas gobierna ahí, no Arquelao.

—¿Y estaremos a salvo ahí? –le preguntó María a José.

—Sí –la cara de José se veía tranquila y segura–. Estaremos a salvo en Nazaret. Por fin podremos establecernos.

María estaba feliz. Volvió a ver a José y le dijo:

—Te ves muy seguro sobre esto. ¿Has estado hablando con cierto ángel últimamente?

Él le sonrió. Y por la mirada de felicidad y paz que reflejaban los ojos de José, ella sabía que Gabriel había visitado a su esposo una vez más.

Su familia estaba feliz de tenerlos de regreso en Nazaret. Ellos se instalaron rápidamente y regresaron a sus viejas costumbres. José se iba todos los días a su carpintería, la misma en donde María lo había conocido y María se ocupaba de las cosas de la casa cuidando a su familia. Mientras Jesús crecía, cada vez los deleitaba más y más. Todos los que le conocían, lo amaban. Aun aquellos que no sabían nada del misterio y maravilla de su nacimiento, se daban cuenta que había algo especial en Él, algo que hacía que la gente lo siguiera.

Mientras María veía como crecía Jesús, nunca olvidó todas las cosas extrañas que le sucedieron durante sus primeros años, pero estaba feliz que ahora su vida se había calmado. Mientras los años pasaron, ella se preguntaba cuál era el plan que Dios tenía para su hijo.

¿Qué no era suficiente que su hijo era feliz y sano, y a salvo? ¿Le pediría Dios algo más?

Con un poco de temor se dio cuenta que estaba deseando que su hijo fuera como cualquier otro niño, sin un enorme destino esperando su futuro.

Cuando Jesús tenía doce años, María y José lo llevaron a Jerusalén para el festejo de la Pascua, tal y como lo hacían cada año desde que regresaron a Nazaret. Como siempre, María disfrutaba la oportunidad de ver a sus amigos y familiares que vivían fuera de Nazaret. Ella y Elisabet estaban felices de verse, pues siempre habían permanecido unidas a través de los años a pesar de que tenían pocas oportunidades de verse. Ninguna otra mujer comprendía el corazón de María como lo hacia Elisabet, cada año la esperaba con ansia para poder sentarse y platicar con ella.

Cuando el festejo terminó, el grupo de viajeros de Nazaret empezó a regresar a sus casas. María montó su burro, disfrutando las pláticas con su mamá y sus hermanas mientras viajaban. Podía ver a José que caminaba delante de ellas, hablando con los otros hombres, y dio por hecho que Jesús estaría con el grupo de niños que corrían junto a ellas, jugando y riendo.

Cuando se detuvieron para cenar, era tal la cantidad de gente que había, que María no podía ver a su esposo ni a su hijo. Empezó a ayudar con la preparación de la cena, con la seguridad de que su familia aparecería en cualquier momento, y no se sorprendió cuando sintió las manos de José en su cintura.

—Aquí estás. Sabía que si encontraba el fuego, te encontraría a ti también.

—¿Y en donde está Jesús?

—Me imagino que está con sus amigos. No lo he visto desde esta mañana.

María se levantó y empezó a buscar entre la gente a Jesús, sintiendo un poco de preocupación. Ahora que Jesús era mayor, era más independiente, pero ella estaba muy unida a su hijo, y por lo general, Él siempre platicaba con ella durante el día.

José le dijo:

—No te preocupes. Iré a buscarlo. Hay un grupo de niños jugando en la colina. Probablemente esté ahí.

Pero no estaba. Y tampoco estaba con su abuelo o sus tíos. No estaba con sus amigos. María y José preguntaron a todos si habían visto a Jesús; nadie lo había visto. Enferma por la preocupación, María le preguntó a José:

—¿En dónde podrá estar?

José empezó a empacar y a poner sus cosas sobre el burro.

—Vamos –le dijo–. Regresaremos a Jerusalén. Por algún motivo se quedó allá.

Capítulo 9

Y aconteció que al cabo de tres días lo encontraron en el templo, sentado en medio de los maestros, no sólo escuchándoles, sino también haciéndoles preguntas; y todos los que le estaban oyendo, quedaban atónitos ante su inteligencia y sus respuestas.

María se relajó cuando vio a su hijo. Después de todo, estaba a salvo. Los últimos tres días habían sido como una pesadilla buscándolo por todos los lugares en los que habían estado durante el festejo. Nunca se imaginaron que lo encontrarían en el templo. Después de todo, ¿qué podría hacer un niño en el templo?

¿Qué es lo que estaba haciendo ahí? María se acercó a la multitud y desesperada le pidió a la gente que la dejara pasar, deseosa de poder llegar a Jesús, deseando saber que realmente estaba bien. ¿En dónde había dormido las últimas tres noches? ¿Había comido?

—¡Shh! –dijo una persona junto a ella–. Quiero escuchar la respuesta del niño a la última pregunta que le hicieron.

María trató de escuchar también, pero estaba muy alterada para entender las palabras de su hijo. Sólo se dio cuenta que se veía feliz y en calma; era evidente que no había extrañado a sus padres.

Después de un momento, un hombre junto a ella le dijo:

—¿Pueden creer que un niño tan joven pueda tener tanta sabiduría? ¿Cómo puede un niño saber tantas cosas? Dicen que su nombre es Jesús de Nazaret.

—Sí –dijo María impaciente–. Lo sé, es mi hijo.

Por fin María pudo acercarse a Jesús y lo tomó del brazo.

Cuando le vieron, se sorprendieron, y le dijo su madre:

—Hijo, ¿por qué nos has hecho esto? Tu padre y yo te buscábamos angustiados.

Él les dijo:

—¿Cómo es que me buscaban? ¿No saben que yo debo estar en los asuntos de mi Padre?

—¿De qué estás hablando? ¿La casa de tu padre? La casa de tu padre está en Nazaret; lugar en donde estaríamos en este momento, si hubieras estado en donde deberías de estar.

Jesús no le contestó; sólo vio a través de los ojos de su madre. María suspiró y pensó.

Lo sabe. Él sabe quién es.

Su viaje a Nazaret fue en silencio. José empezó a regañar a Jesús por haberlos preocupado. Pero Él guardó silencio. María y José se vieron, con expresión confusa y de preocupación

Hasta ahora, sus vidas habían sido ordinarias y tranquilas durante tantos años, que ambos habían dejado de pensar en el ángel, quién los había guiado durante tantos años.

Pero ahora María, volvió a recordarlo. Se preguntaba si Gabriel habría estado en el templo escuchando a su hijo, aprendiendo de sus palabras junto con los rabinos y el resto de la gente.

Le gustaría sentarse con Gabriel y platicar algún día con él. Tal vez él le podría explicar cual era el propósito de su hijo en la tierra. Ella sonrió, imaginándose a Gabriel y a ella platicando, como lo hacían tan seguido ella y su madre; y trato de imaginarse que le diría él.

Él no es sólo tu hijo, María. También es Hijo de Dios.

No escuchó a nadie decirle las palabras. José no estaba junto a ella. Pero ella estaba segura que estas palabras se las hubiera dicho el ángel.

María se estremeció. Puso su mano sobre el cuello caliente del burro, y vio a Jesús caminar junto a José.

Aún es un niño, se dijo ella. *¿Qué es lo que Dios quiere para Él?*

María suspiró, enderezó sus hombros y levantó su cabeza hacia el cielo.

Sí, Señor. Haré lo que tú digas.

Mientras los años pasaron, María le dijo muchas veces a Dios *sí* una y otra vez. Y Jesús seguía creciendo en sabiduría, en vigor y en gracia ante Dios y ante los hombres.

Nunca los volvió a preocupar. José le preguntó a María si esta vida tranquila era lo que - Dios había planeado para su hijo.

—Después de todo –le dijo–. Tal vez esto sea suficiente. Él es un excelente carpintero. Es amable y amoroso con todos. Tiene una manera tan especial para escuchar a las personas que le hablan; de alguna manera los consuela. Tal vez esto es lo que el Señor nos está diciendo que una vida tranquila, honesta, y amorosa lo complace igual como la fama y el poder.

—Sí –dijo María.

Pero ella sabía que a través de su hijo había tenido una nueva visión del Dios que ella había servido toda su vida. Antes, Dios siempre le pareció de alguna manera distante, una imagen poderosa y amorosa que ella podía ver a los lejos. Pero ahora, Dios vivía con ella. Él le sonreía todas las mañanas y le tocaba su cara con su mano. Reía en la mesa y siempre le agradecía cualquier cosa que ella hacía por Él, y sus brazos eran fuertes y cálidos cuando ella estaba triste o tenía temor.

Y al mismo tiempo, Él era su hijo, y ella daría su vida para protegerlo siempre. A pesar de no decirle nada a José, de alguna manera ella estaba segura que Dios tenía un plan para Jesús, algo más que una vida simple como la que había vivido con ellos hasta ahora.

Cuando Jesús cumplió treinta años, su familia viajó a Betábara, en donde ahora su prima Elisabet vivía. Zacarías había muerto unos años antes, y la salud de Elisabet era frágil, pero a pesar de esto, a ella y a María les encantaba sentarse y platicar tal y como siempre lo habían hecho. María siempre estaba feliz de ir a visitar a Elisabet, pero por alguna razón tenía miedo de encontrase con su hijo Juan.

Juan había crecido convirtiéndose en un joven raro. Toda su vida había sido descortés y muy franco, pero ahora tenía una rudeza que incomodaba a María. No se dedicaba a nada y ya no vivía con su madre. En cambio, pasaba la mayor parte de su tiempo solo en el desierto, descarriado vestido con una rústica túnica de pelo de camello amarrada con un cinturón de piel. Elisabet le había contado que sólo comía lo que encontraba en la tierra, por lo general langostas y miel silvestre. Pero el comportamiento de su hijo no parecía molestar a Elisabet. Sin embargo, a María le daba gusto ver que su hijo vivía una vida común y tranquila.

Recientemente, María y José habían escuchado que la gente había empezado a buscar a Juan en el desierto, para escucharlo y para que los bautizara en el río Jordán. Se decía que era un predicador implacable, hablando en contra de la corrupción, tanto en el gobierno como en los corazones de la gente, y corrían rumores que Juan podría ser el Mesías, quién salvaría a Israel de la esclavitud de Roma.

José tenía muchas ganas de escuchar a Juan predicar, pero Jesús no había hecho ningún comentario sobre el ministerio de su primo. María sabía que Él había escuchado los rumores, pero, no dijo nada. Continuó ayudando a José en la carpintería, como siempre lo había hecho, y sin embargo los rumores que corrían hacían que María se sintiera inquieta. Algo estaba cambiando, lo podía sentir, y durante el viaje a Betábara, ella se mantuvo cerca de Jesús, consolada con la paz que siempre había sentido en su presencia.

Mientras se acercaban a Betábara, se fijaron en una gran multitud reunida junto al río Jordán, y escucharon la voz de un hombre que gritaba. José levantó su cara.

—¡Ese es Juan! Vayamos a escucharlo.

María se detuvo.

—Mejor lleguemos primero a casa de Elisabet. Nos está esperando y yo estoy muy cansada.

Jesús tomó la mano de su madre.

—Ven, madre –le dijo calladamente.

Ella lo vio y se encontró con su mirada. Como siempre, ella veía el amor y su gentileza en sus ojos, pero también vio la fuerza y resolución que tenía cuando lo vio por primera vez en el templo cuando tenía doce años. Él le sonrió.

—¿Vendrás, madre?

Ella suspiró.

—Sí, iré contigo

Mientras se acercaban, alcanzó a ver a Juan que sobresalía de la multitud, y pensó que estaría parado sobre algo, tal vez una roca o sobre una lancha volteada. Sus ojos oscuros brillaban, y sus palabras hicieron que María temblara.

Decía pues, a las multitudes que salían para ser bautizadas por él:

—Generación de víboras, ¿quién les a enseñado huir de la ira venidera? Hagan, pues, frutos dignos de arrepentimiento y no comiencen a decir dentro de ustedes mismos: Tenemos por padre a Abraham; porque les digo que Dios puede levantar hijos a Abraham aun de estas piedras.

Movía sus manos, y cuando la multitud se separó un poco, María se dio cuenta que estaba parado sobre la punta de una piedra de río.

María vio la piedra redonda gris, y de repente recordó otra piedra, una piedra pequeña que había caído a través de la mano de Gabriel.

Se estremeció otra vez, pero esta vez con júbilo y asombro. Dios podía hacer cualquier cosa, y mientras observaba la cara de Juan, se dio cuenta que no estaba hablando poéticamente: Juan creía sin duda alguna en su mente, que si Dios quería, Él podría convertir esas piedras en gente. Su gente.

Últimamente, María pensaba mucho en la gran mansión de Dios. Se imaginaba que vivía en una pequeña y silenciosa habitación, llena de sol y el olor común del pan horneándose.

No se quería imaginar las otras habitaciones extrañas en el enorme palacio del Señor. Ella se conformaba con su pequeño rincón que Él le había dado y oró para que la dejara vivir el resto de sus días, adorándolo en paz y en silencio.

Pero ahora, algo en las palabras de Juan la hizo recordar cuán grande era el Señor y cuán grande era su mansión. Sintió la alegría de Juan, y se dio cuenta que Juan caminaría sin temor de una a otra habitación en la casa de Dios, por dondequiera que el Espíritu de Dios lo guiara. *Ayúdame a tener valor, Señor*, murmuró María en su corazón. *Ayúdame a decir sí a donde quieras que yo vaya.*

Jesús se acercó a ella como si hubiera leído sus pensamientos, y le besó la frente. Ella lo vio, pero Él sólo sonrió y se volteó a seguir escuchando a su primo.

Juan seguía diciendo:

—Y ya también el hacha está puesta junto a la raíz de los árboles;

por tanto, todo árbol que no produce buen fruto se corta y se echa al fuego.

Alguien en la multitud le gritó:

—¿Qué pues haremos?

Y respondiendo les decía:

—El que tenga dos túnicas, dé al que no tiene; y el que tenga qué comer, que haga lo mismo.

—Qué sencillo –le dijo José a María–. Y sin embargo, qué diferente sería nuestro mundo si siguiéramos sus instrucciones.

Hubo conmoción en la multitud, y un grupo de hombres se acercaron a Juan. José bajó su cabeza y le murmuró en el oído de María.

—¿Reconoces a esos hombres? Son sacerdotes y levitas del templo en Jerusalén –se veía preocupado–. Me temo que Juan se ha metido en problemas durante estos días.

—¿Tú quién eres?

Confesó, y no negó sino que confesó:

—Yo no soy el Cristo.

Y le preguntaron:

—¿Qué, pues? ¿Eres tú Elías?

Dijo:

—No lo soy.

—¿Eres tú el profeta?

Y respondió:

—No.

Le dijeron, pues:

—¿Quién eres? Para que demos una respuesta a los que nos enviaron. ¿Qué dices de ti mismo?

Y Juan les dijo:

—Yo soy la voz de uno que clama en el desierto: Enderecen el camino del Señor, como dijo el profeta Isaías.

María reconoció sus palabras como una de las que el profeta Isaías había dicho cientos de años atrás, y la certeza y la fuerza en la voz de Juan hizo que ella se estremeciera. Vio a Jesús, tratando de encontrar un poco de confianza, pero sus ojos estaban puestos sobre su primo.

Su rostro se veía tranquilo como siempre, pero ella presintió que Él estaba esperando algo.

Y los que habían sido enviados eran fariseos. Y le preguntaron, y le dijeron:

—¿Por qué, pues, bautizas, si tú no eres el Cristo, ni Elías, ni el profeta?

Juan les respondió diciendo:

—Yo bautizo con agua; más en medio de ustedes está uno a quién ustedes no conocen. Éste es el que viene después de mí, el que es antes de mí, del cual yo no soy digno de desatar la correa del calzado.

Esa noche se sentaron tarde alrededor de la mesa de Elisabet, hablando sobre la manera increíble en que Juan hablaba a los corazones de la gente. María se dio cuenta de que estaba orgullosa de su hijo, pero María no pudo evitar preguntarle a su prima, mientras recogían los platos de la mesa:

—¿No te preocupa que le pueda suceder? Los fariseos y los sacerdotes del templo no están contentos con lo que está diciendo. Estoy segura que le causarán problemas.

Elisabet sonrió.

—Debe seguir su llamado. Yo lo sabía desde el momento en que concebí.

Su mirada se dirigió a Jesús quién estaba sentado junto a José.

—Mi hijo es la persona que coloca un cimiento –dijo suavemente Elisabet–. Es tu hijo quien construirá la casa.

María vio a Jesús durante un largo tiempo, y dejó escapar su aliento. Fue hacia Él y se arrodilló a su lado en el piso, buscando su cara.

—¿Es esto verdad? –le preguntó–. ¿Estás a punto de iniciar algo nuevo? Algún ministerio que enseñará a otros quién eres.

Él le sonrió.

—Debo hacer lo que Dios me diga.

—¿Qué es lo que harás? –le preguntó José.

Jesús vio a sus padres terrenales, su amor a ellos se veía en su mirada. Y les dijo:

—Bien, para empezar, le voy a pedir a Juan que me bautice.

Capítulo 10

María no estuvo presente cuando su hijo fue bautizado, pero Elisabet le contó la historia después, quién la escuchó de su hijo.

Juan trataba de impedírselo, diciendo:

—Yo necesito ser bautizado por ti, ¿y tú vienes a mí?

Pero Jesús le respondió:

—Permítelo ahora, porque así conviene que cumplamos toda justicia.

Entonces se lo permitió.

Después le dijo Elisabet a María:

—Y Jesús, después que fue bautizado, subió luego del agua; y he aquí que los cielos le fueron abiertos, y vio al Espíritu de Dios que descendía como paloma, y venía sobre él. Y Juan escuchó una voz de los cielos, que decía: "Este es mi hijo amado, en quién tengo complacencia".

Mientras María escuchaba a Elisabet, se dio cuenta que los días calmados y comunes en sus vidas había terminado. Dio un gran suspiro, enderezó sus hombros y dijo:

—Sí, Señor. Haz lo que quieras en nuestras vidas.

Justo después de su bautizo, Jesús se fue de su casa durante un mes.

—¿En donde está? –los vecinos le preguntaban a María y a José–. ¿Adónde se ha ido?

—Se fue al desierto para estar solo –les dijo José calladamente.

Pero cuando él y María estuvieron solos, él le preguntó:

—¿Crees que ahora Él será como Juan? Viviendo solo en el desierto, vistiendo ropas extrañas y comiendo insectos.

María sacudió su cabeza y le contestó:

—No lo sé.

Pero después de cuarenta días, Jesús regresó a casa. Se veía cansado y delgado y María pudo ver claramente esa parte fuerte y decidida de Él, de la que ella ya se había dado cuenta antes. Sin embargo, su amor y gentileza aún iluminaban su rostro. Y María se apresuró a prepararle una buena comida.

Pero Él se rió y la abrazó, y volvió a ser el Jesús de siempre.

—Eso huele delicioso –le dijo a María mientras ella ponía pedazos de cordero dentro del aceite caliente.

—Debes tener hambre.

Se le quedó viendo y le pregunto:

—¿No te sentiste solo durante todos esos días?

Él movió su cabeza.

—No estuve solo.

Ella se limpió sus manos y tomó su cara.

¿Quién estuvo contigo?

—Los animales –le sonrió–. Y los ángeles.

Después de eso, Jesús casi nunca estaba en casa. Tenía un grupo de amigos que viajaban con Él, y María se sentía tranquila, pues así Jesús no estaba solo, como lo había estado cuando estuvo en el desierto, pero extrañaba mucho a su hijo. Su corazón estaba pesado de tristeza y temor, pues estaba segura que ya nada sería como antes.

Esos viejos y tranquilos días cuando estaba junto a su hijo, habían terminado para siempre. Ahora, Él pertenecía a otros, y ella nunca estaría a su lado. Y temía por Él, y se preocupaba, pues ahora no lo podía alimentar, ni lo podía cuidar y tampoco podía estar segura de su bienestar.

Durante el tiempo que Jesús no estuvo, José se enfermó y murió, rompiendo el corazón de María. Por supuesto Jesús regresó a casa para el funeral de su padre, pero trajo con Él a sus discípulos y María no tuvo oportunidad de estar a solas con él. Se sentía enferma de dolor y resentimiento mientras veía como Él dejaba su casa.

—¿Por qué habría de decirte sí, Señor –murmuró–. Cuando tú te has llevado a mi esposo y a mi hijo, sin importar lo que yo diga.

Se mordió el labio, avergonzada por su enojo hacia Dios, deseando poder hablar con José o con Jesús sobre sus sentimientos. Pero los dos se habían ido, y ella estaba sola.

Los días eran largos y pesados para María. Pero estaba feliz con la boda de Jacob y Raquel, amigos de la infancia de Jesús, pues estaba segura que Jesús vendría. Tal vez tendría la oportunidad de pasar un momento con su hijo.

El día de la boda, a María le dio gusto poder olvidarse de su tristeza mientras celebraban la boda de Jacob y Raquel con sus amigos y familiares. A la mitad de la fiesta, vio al padre de Jacob hacer una mueca mientras se inclinaba hacia su esposa y le decía algo en el oído.

—¡Oh, no! –dijo la madre de Jacob.

—¿Qué sucede? –preguntó María.

Ella dudo un momento, y le dijo:

—Se nos terminó el vino. Sabía que teníamos que haber comprado más, pero… –sus ojos se llenaron de lágrimas.

María tocó suavemente su brazo. Ella sabía lo caro que podía ser una boda, sobre todo cuando la familia no contaba con dinero extra. Su corazón se entristeció por la familia del novio, pues sabía que los invitados se iban a molestar cuando se enteraran que el vino se había terminado.

De inmediato, como siempre lo hacía cuando su corazón se inquietaba, fue a buscar a Jesús.

—No tienen vino –le dijo en silencio.

Jesús le dijo:

—¿Qué tengo que ver contigo, mujer? Aún no ha llegado mi hora

María se le quedó viendo por un momento sorprendida. Ella no había pensado que Él solucionara el problema; ella solo quería que estuviera enterado de lo que sucedía, pues sabía que Jesús de alguna manera habría solucionado las cosas, como siempre lo hacía.

Durante los años, ella se había acostumbrado a compartir con Jesús sus problemas, pero desde que Él se había ido, ella había aprendido a solucionar sus problemas.

Por eso, ahora su corazón se sentía tan abatido. Se había sentido tan sola, pero se había dado cuenta que no tenía que ser así. Había llegado el momento para que otros compartieran el gran regalo que Dios le había dado; pero todavía podía contarle a Jesús sus problemas, como siempre lo había hecho.

—Te he extrañado, hijo –le dijo a Jesús.

—Él sonrió.

—Busca en tu corazón, madre. Siempre estoy contigo, por siempre.

Las lágrimas llenaron los ojos de María, pero se enderezó y levanto su cabeza. Tan claro como si una voz le hubiera hablado, ella sabía lo que tenía que hacer. Se dirigió a los sirvientes quienes estaban parados junto a ella.

—Hagan lo que Él les diga.

Y había allí seis tinajas de piedra para agua, conforme al rito de la purificación de los judíos, en cada una de las cuales cabrían dos o tres cántaros. Jesús les dijo:

—Saquen un poco de agua, y llévenla al maestresala.

Y se la llevaron.

Cuando el maestresala probó el agua hecha vino (sin saber él de dónde era, aunque lo sabían los sirvientes que habían sacado el agua), llamó al novio, y le dijo:

—Todo hombre sirve primero el buen vino, y cuando ya han bebido mucho, entonces el inferior; pero tú has reservado el buen vino hasta ahora.

Después de la boda, María estaba feliz pues Jesús se había quedado por unos cuantos días con su familia. En esta ocasión no le importó que Jesús llevara a sus discípulos. Eran buenos hombres, y ella disfrutaba de las bromas de Pedro y de la comprensión de Juan. Pero estaba muy agradecida, cuando una noche Jesús la acompañó a la azotea, y se sentaron juntos en la oscuridad viendo las estrellas como lo habían hecho en tantas ocasiones cuando Jesús era niño.

Después de un momento, ella rompió el silencio.

—Ya llegó tu hora, ¿verdad hijo?

—Sí. Ya debo ocuparme de los asuntos de mi Padre Celestial.

Volteó hacia ella, y ella sintió su mirada en la oscuridad.

—Lo siento, si esto te causa dolor, madre.

Ella movió su cabeza.

—Tú eres el Mesías, hijo. Yo lo sabía. Tu padre terrenal estaría muy orgulloso de ti, como yo lo estoy. La gente espera que el Mesías libere a Israel de Roma.

—¿Es lo que tú esperas?

Por un largo tiempo, ella volteó a ver las estrellas, preguntándose qué es lo que ella esperaba. Había temido el futuro durante mucho tiempo, desde que Jesús era un bebé, como si el futuro guardara un oscuro y terrible secreto que sería tan terrible que ella no lo podría soportar. Recordó el tercer regalo extraño de uno de los astrólogos, mirra. Y después recordó la cara de Gabriel, y su tranquilidad, y la felicidad que había visto en sus ojos.

—He aprendido, hijo, que Tú y tú Padre raras veces hacen las cosas que yo espero. Creo que mi manera sería la mejor; pero al final, tus maneras son mucho mejor de lo que yo me podría imaginar. Por lo tanto, siempre debería decir *sí* desde un principio; y después esperar y ver los milagros que harás. Como lo hiciste en la boda

Ella sonrió y movió su cabeza.

—Sí.

Ella lo vio a través de la oscuridad.

—¿Por qué lo hiciste? ¿Por qué convertiste el agua en vino? Molestarte en una cosa tan pequeña.

Nuevamente vio el brillo de sus dientes en la oscuridad.

—Las pequeñas cosas son importantes para mi Padre.

Le tomó la mano.

—El futuro no va ser fácil para ti, madre. Pero no dejes de decir *sí*.

Capítulo 11

—¡No!

Tres años después, María estaba parada frente a la cruz viendo a su hijo. A su alrededor la gente se reía y gritaba insultos.

—¡No! –gritaba ella, suplicando que se callaran.

Volteó hacia el extraño cielo púrpura.

—No puedes dejar que esto suceda, Señor. Él es tú hijo. ¿Cómo puedes darle la espalda y dejarlo morir de esta manera?

Sus palabras se volvían en lágrimas; puso su cabeza sobre el hombro de su hermana.

Lo que sucedió antes de llegar a este momento, había sido una pesadilla. José había tenido razón en desconfiar del gobierno durante todos esos años, cuando Jesús sólo era un bebé, pues al final, el gobierno había sentenciado a su hijo a muerte. Los sacerdotes judíos habían hecho su parte. Tramaron una trampa que se fue cerrando cada vez más alrededor de Jesús. Pero hasta el último momento, ella creyó que de alguna manera sucedería un milagro. Nunca pensó que Jesús terminaría muriendo en la cruz junto a dos criminales.

Su hermana la abrazaba, pero sus brazos temblaban. María alcanzó a ver a María Magdalena y a Salomé. Después sintió una mano suave en su hombro. Volteó a ver y se encontró con la cara de Juan.

—Quiere hablar contigo –le dijo Juan a María mientras sus ojos estaban llenos de compasión–. Ven.

María se alejó de su hermana y se acercó a la cruz. No podía soportar ver los clavos que perforaban la piel de su hijo; deseaba poder limpiarle la cara, quitarle la sangre y aliviar sus heridas. Pero no podía hacer nada.

—¿Cómo puedes hacer esto, Señor? Si yo tuviera el poder, me lo llevaría a casa y lo curaría; lo salvaría y lo tendría a salvo para siempre. No tengo el poder para hacerlo, pero tú sí. ¿Cómo puedes permitir que esto suceda? Él también es tú hijo. ¿No lo amas, como yo? ¿No eres el Dios de amor? No entiendo.

Se tragó sus lágrimas y levanto su cara para ver a Jesús.

—¡Hijo! –su voz temblaba, pero ella esperaba que Él escuchara todo el amor que había en esa palabra.

—¡Madre!

El sonido familiar trajo nuevas lágrimas a sus ojos. A través de sus lágrimas, pudo ver su rostro lleno de dolor, pero sus ojos estaban llenos con el mismo tranquilo amor, que ella siempre había visto. Trató de alcanzarlo, deseando poder tocarlo.

Cuando vio Jesús a su madre, y al discípulo a quien él amaba, que estaba presente, dijo a su madre:

—Mujer, he ahí tu hijo.

Después dijo al discípulo:

—He ahí tu madre.

Y desde aquella hora el discípulo la recibió en su casa.

María trató de ver a su hijo, para tratar de entender porqué esto tan terrible le estaba sucediendo. Él tenía el poder para bajarse de esa cruz, ella lo sabía, pues lo había visto hacer los milagros.

Pensó en su amigo Lázaro, a quién resucitó de entre los muertos. Y también a una pequeña niña, y a la madre de Pedro. A cada una de estas personas las había salvado de la muerte. Y sin embargo, Él estaba permitiendo que lo mataran.

—¿Por qué? –murmuró–. ¿Por qué?

Pero Él no la escuchó. Si la llego a escuchar, no le respondió.

Después de esto, sabiendo Jesús que ya todo estaba consumado, dijo:

—Tengo sed.

Y había allí una vasija llena de vinagre; entonces los guardias empaparon en vinagre una esponja, y sujetándola a una rama de hisopo, se la acercaron a la boca.

Ella deseaba poder darle una taza con agua fría; recordó todas las noches cuando Jesús era pequeño y ella o José se habían levantado para llevarle a su hijo algo de tomar. Ahora, no podía hacer nada por Él.

Luego que Jesús tomó el vinagre, dijo:

—¡Consumado es!

Y habiendo inclinado la cabeza, entregó el espíritu.

Su cabeza cayó hacia delante. Su hijo estaba muerto.

El resto del día estuvo borroso para María. La multitud que se había reunido, se empezó a dispersar lentamente, pero ella y Juan y las otras mujeres que quedaron, viendo el cuerpo sin movimiento colgado de una cruz. Vinieron, pues, los soldados, y quebraron las piernas al primero, y asimismo al otro que había sido crucificado con él. Más cuando llegaron a Jesús, como le vieron ya muerto, no le quebraron las piernas. Pero uno de los soldados le abrió el costado con una lanza, y al instante salió sangre y agua.

Finalmente, Juan se llevó a María a su casa. Le dio algo de comer, pero ella sólo se sentó en la mesa, sin comer, sin pensar. De repente saltó.

—¡Su cuerpo! ¿Qué sucederá con El ahora? Debemos ir por él. ¿En dónde lo enterraremos?

Después de todo esto, José de Arimatea, que era discípulo de Jesús, pero secretamente por miedo a los judíos, rogó a Pilato que le permitiera llevarse el cuerpo de Jesús; y Pilato se lo concedió. Entonces vino, y se llevó el cuerpo de Jesús.

También Nicodemo, el que antes había visitado a Jesús de noche, vino trayendo un compuesto de mirra y de áloe, como cien libras. Tomaron, pues, el cuerpo de Jesús, y lo envolvieron en lienzos con especias aromáticas, según es costumbre sepultar entre los judíos. Y en el lugar donde había sido crucificado, había un huerto, y en el huerto un sepulcro nuevo, en el cual aún no había sido puesto ninguno. Allí, pues, pusieron a Jesús por causa de la preparación de la pascua de los judíos, y porque aquel sepulcro estaba cerca.

Juan le dijo a María:

—Quisiera saber como consolarte.

María lo vio y vio que caían lágrimas sobre su mejilla.

—Nadie puede consolarnos. Jesús está muerto.

—Sí –la voz de Juan sonaba triste–. Pero Jesús nos prometió que enviaría al Espíritu Santo para consolarnos. ¿Recuerdas lo que dijo?

María movió su cabeza, apenas escuchando las palabras de Juan.

Esto es lo que dijo, María. Escucha:

—Si me aman, guarden mis mandamientos; y yo rogaré al Padre, y Él les dará otro Consolador, para que esté con ustedes para siempre: *el Espíritu de verdad*, al cual el mundo no puede recibir, porque no le ve, ni le conoce; pero ustedes lo conocerán, porque mora con ustedes, y estará en ustedes. No los dejaré huérfanos; vendré a ustedes. Todavía un poco, y el mundo ya no me verá más; pero ustedes me verán; porque yo vivo, y ustedes también vivirán.

María movió su cabeza.

—¿Cómo puede volver a vivir? No entiendo lo que quiso decir. No sabemos como hizo los milagros a Lázaro y a la madre de Pedro.

Juan la tomó de la mano.

—Ven. Te he preparado una cama. Trata de descansar.

María trató de dormir, pero no podía.

—No –murmuró–. Nunca volveré a decir *sí*, Señor. Cualquier cosa que diga, no significará nada. Jesús está muerto. Pero no diré *sí* por la muerte de mi hijo.

Se quedó dormida, pero en esta ocasión sintió un poco de paz en su corazón. Y la voz que escuchó en sus sueños era la voz de Jesús.

—¿Qué hará la diferencia? –le preguntó

En el sueño, Él estaba sentado junto a ella.

—Ya sabes lo que quiero decir, madre. Haré la diferencia aunque digas sí o no a mi muerte. Haré la diferencia en tu corazón y en tu propia vida. Dios puede cambiar aun la más terrible y oscura cosa en algo sorprendente y glorioso. Pero primero tienes que decir *sí*.

—Esta vez no –le dijo–. No puedo decir *sí* cuando tú estas muerto.

—Sí, Madre. Di sí. ¿No recuerdas lo que dije? Dios amó tanto al mundo que me envió a mí, su único Hijo, para que el que creyera en mí nunca muera, y tenga vida eterna. ¿Recuerdas madre?

—¿Pero por qué tuviste que morir? ¿No podías haber salvado al mundo sin morir?

Él movió su cabeza.

—No. Tenía que dar todo. No estés triste madre. Ahora te voy a dejar con el regalo de paz; paz en tu mente y en tu corazón. No tengas miedo. Recuerda lo que te dije: "Me voy a ir, pero regresaré por ti". Si realmente me amas, estarás feliz por mí, porque ahora me puedo ir con mi Padre, Quién es más grande que Yo.

Por la mañana se levantó y empezó a preparar la comida para el día. Se ocupó haciendo las cosas comunes de la casa, cantó unos salmos a pesar de que su corazón estaba triste. Se sentó con Juan para comer, cuando María Magdalena entró a la casa. Se quedó parada. Se veía confundida.

—¿Qué sucede? –le preguntó Juan sorprendido.

Cuando María Magdalena pudo hablar dijo:

—¡Se han llevado al Señor del sepulcro, y no sabemos dónde lo han puesto!

Capítulo 12

Después de tres meses, María se arrodilló con un grupo que creía en Jesús, orando juntos como lo hacían todos los días. Mientras oraban, María recordó todo lo que había sucedido desde esa tarde oscura, cuando Jesús murió.

¡Su hijo había resucitado! Apenas si podía creer el milagro que había sucedido. Lo habían sepultado, pero la muerte no pudo quedarse con Jesús.

Salieron, pues, Pedro y el otro discípulo, y fueron al sepulcro. Corrían los dos juntos; pero el otro discípulo corrió más aprisa que Pedro, y llegó primero al sepulcro. Y bajándose a mirar, vio los lienzos colocados en el suelo, pero no entró.

Luego llegó Simón Pedro tras él, y entró en el sepulcro, y vio los lienzos colocados en el suelo, y el sudario, que había estado sobre la cabeza de Jesús, no puesto con los lienzos, sino enrollado en un lugar aparte.

Entonces, entró también, el otro discípulo, que había venido primero al sepulcro; y vio, y creyó.

Pero María Magdalena estaba afuera llorando junto al sepulcro; y mientras lloraba, se inclinó para mirar dentro del sepulcro; y vio a dos ángeles con vestiduras blancas, que estaban sentados el uno a la cabecera, y el otro a los pies, donde el cuerpo de Jesús había sido colocado.

Y le dijeron:

—Mujer, ¿por qué lloras?

Les dijo:

—Porque se han llevado a mi Señor, y no sé dónde lo han puesto.

Dicho esto, se volvió, y vio a Jesús que estaba allí; más no sabía que era Jesús.

Jesús le dijo:

—Mujer, ¿por qué lloras? ¿A quién buscas?

Ella, pensando que era el hortelano, le dijo:

—Señor, si tú te lo has llevado, dime dónde lo has puesto, y yo me lo llevaré.

Jesús le dijo:

—¡María!

Y ella volviéndose le dijo:

—¡Raboní! (Que quiere decir, Maestro.)

Jesús le dijo:

—Suéltame, porque aún no he subido a mi Padre; más ve a mis hermanos, y diles: "Subo a mi Padre y a su Padre, a mi Dios y a su Dios".

Fue entonces María Magdalena para dar a los discípulos las nuevas de que había visto al Señor, y que él le había dicho estas cosas.

María no había entendido lo que le dijo, pero para entonces ella sabía que Jesús podía hacer cualquier cosa. No podía predecir su comportamiento. Definitivamente no lo podía controlar. Ahora, todo lo que podía hacer era mover su cabeza.

—Sí, Señor –murmuró, y su sonrisa fue su recompensa.

Pero muchos de los discípulos aún deseaban que Jesús librara a Israel de Roma. Le seguían preguntando:

—¿Señor, restaurarás el reino a Israel en este tiempo?

Cada vez que le preguntaban, Él movía su cabeza, y les decía:

—No les toca a ustedes conocer los tiempos o las sazones que el Padre puso en su sola potestad; pero recibirán poder, cuando haya venido sobre ustedes el Espíritu Santo, y me serán testigos en Jerusalén, en toda Judea, en Samaria, y hasta lo último de la tierra.

Y habiendo dicho estas cosas, viéndolo ellos, fue alzado, y le tomó sobre sí una nube que le ocultó de sus ojos. Y estando ellos con los ojos puestos en el cielo, entretanto que él se iba, he aquí que estaban junto a ellos dos varones con vestiduras blancas.

—¡Gabriel! –gritó María.

Él le sonrió, y después volteó a ver a los apóstoles y les dijo:

—Varones galileos, ¿por qué están mirando al cielo? Este mismo Jesús, que ha sido tomado de ustedes al cielo, vendrá así, tal como le han visto ir al cielo.

Después de esto, todos los seguidores de Jesús se reunían todos los días en el cuarto de arriba de la casa, en donde muchos de ellos estaban alojados.

Cuando llegó el día de Pentecostés, estaban todos unánimes juntos. Y de repente vino del cielo un estruendo como de un viento recio que soplaba, el cual llenó toda la casa donde estaban sentados; y se les aparecieron lenguas como de fuego, que, repartiéndose, se posaron sobre cada uno de ellos.

Y todos fueron llenos del Espíritu Santo, y comenzaron a hablar en otras lenguas, según el Espíritu les daba que dijeran.

Éste fue el reino que su Hijo vino a construir, no terrenal, como muchos esperaban. Como siempre, sus planes fueron más grandes que los de ellos.

Y ella sería parte del reino de su Hijo, la mansión eterna de Dios. Y todo lo que ella tenía que decir era esa palabra familiar. *¡Sí!* Lloró y las puertas de su corazón se abrieron. Y el Espíritu Santo entró y la llenó con su poder.

¡4 LIBROS EN 1!

Cada uno de estos libros contiene cuatro emocionantes obras a un precio super económico

www.casacreacion.com

CASA CREACIÓN